AF342896

TRAITÉ DES ORDRES *D'ARCHITECTURE.*

PREMIERE PARTIE.

DE LA PROPORTION DES CINQ ORDRES.

Où l'on a tenté de les rapprocher de leur origine, en les établissant fur un principe commun.

Par M. POTAIN, Architecte du Roi.

A PARIS, RUE DAUPHINE,

Chez CHARLES-ANTOINE JOMBERT, Libraire du Génie & de l'Artillerie, à l'Image Notre-Dame.

M. DCC. LXVII.

A MONSIEUR

LE MARQUIS

DE MARIGNY,

Conseiller du Roi en ses Conseils, Commandeur de ses Ordres ; Lieutenant Général des Provinces de Beauce & d'Orléannois ; Directeur & Ordonnateur Général des Bâtimens du Roi, Jardins, Arts, Académies & Manufactures Royales ; Gouverneur des Villes de Blois, Suevre & Menars, & Capitaine Gouverneur du Château de Blois.

MONSIEUR,

Le Traité que j'ai l'honneur de vous présenter est le premier de ce genre qui ait été publié sous le Regne de Sa Majesté. Vous avez daigné en approuver l'extrait, il y a quelques années ; ainsi il doit le jour à la protection que vous accordez aux Arts, & aux bontés particulieres dont vous m'avez honoré depuis que vous êtes leur Protecteur : en effet, c'est à cette heureuse époque que l'on doit rapporter l'avantage d'avoir vu élever plusieurs édifices qui, par leur beauté, leur magnificence & leur pureté, feront regarder le siecle de votre administration comme celui du rétablissement de l'architecture. Il est principalement dû aux efforts qu'ont faits les Artistes, pour se rendre dignes de votre suffrage. C'est ce même motif qui m'anime & qui m'enhardit à oser le desirer en faveur de mon foible ouvrage : heureux s'il vous paroissoit le meriter ! Daignez, MONSIEUR, me permettre de vous le présenter comme un témoignage du zele, de la reconnoissance & du profond respect avec lesquels

Je suis,

MONSIEUR,

Votre très-humble & très-obéissant serviteur, N. M. POTAIN.

✳✳✳✳✳✳✳✳✳✳✳✳✳✳✳✳✳✳✳✳✳✳✳✳✳✳✳✳

PRÉFACE.

Les Ordres dont nous nous propofons de traiter principalement dans cet ouvrage, font en même tems ce que l'architecture offre de plus fimple, & le réfultat de ce qu'on y a découvert de plus fublime. On ne doit donc point être étonné fi les architectes commencent par les étudier, s'ils s'en occupent toute leur vie, s'ils regardent comme un mérite rare d'y faire quelques découvertes, & s'ils les confiderent comme le principe où ils ont puifé tout ce qu'ils ont découvert de plus important fur la décoration & fur les proportions. Auffi voit-on que dans les fiecles où l'architecture a fleuri, quelques-uns de ceux qui y ont excellé fe font efforcés de fixer, d'après les monumens les plus célebres, les proportions que les différens Ordres ou leurs parties devoient avoir pour produire l'effet le plus agréable aux yeux. Vitruve rapporte que dans les tems heureux où la Grece élevoit ces édifices dont on voit encore des veftiges pré-cieux, Silene fit un livre fur les proportions de l'Ordre Dorique ; que Ctefiphon & Metagene écrivirent fur l'Ordre Ionique du temple de Diane à Ephefe, & Argelieufe fur les proportions de l'Ordre Corinthien & de l'Ionique. Vitruve lui-même fit fur ces Ordres le feul ouvrage qui nous foit reflé de l'antiquité, & il l'écrivit dans le fiecle où les Romains fe font le plus diflingués dans les arts. A peine furent-ils fortis en Italie de la nuit où ils avoient été enfevelis pendant un fi long efpace de tems, que Serlio, Palladio & Vignole fe fignalerent, & par les édifices qu'ils éleverent, & par les regles qu'ils s'efforcerent de tirer des proportions des Ordres & des obfervations qu'ils firent fur les plus précieux monumens de l'antiquité. Enfin, s'il étoit un fiecle en France où l'on pût efpérer de voir paroître d'excellens ouvrages fur les Ordres, c'étoit celui de Louis XIV. Auffi les deux architectes les plus célebres de la France donnerent-ils une attention toute particuliere à cette partie. Perrault, dans fa belle traduction de Vitruve, déchira le voile dont ce favant auteur avoit été couvert avant lui, & propofa de nouvelles vues, dans fon traité des cinq Ordres, pour régler leurs proportions ; & l'on reconnoît, dans le *Cours d'architecture* de François Blondel.

l'illuſtre auteur de la porte Saint Denis. Ces ouvrages excellens ſuffiroient ſans doute , ſi l'eſſor que l'architecture a pris depuis quelques années, & les magnifiques reſtes qu'on a recueillis & publiés de toutes les parties du Levant , ne nous fourniſſoient pas de nouvelles vues ſur une matiere qui paroiſſoit épuiſée.

CE ſont ces réflexions qui m'ont porté à publier ce traité d'architecture , dont je préſentai , il y a quatre ans , les premieres idées à l'Académie , qui m'encouragea à les ſuivre. Peut-être aurois-je employé plus de tems à revoir ce traité, ſi, par un procédé que je n'avois pas lieu d'attendre, on n'avoit pas déja commencé à en mettre au jour une partie ſans ma participation.

UNE conſidération particuliere m'a encore fait juger que le public verroit cet ouvrage avec un œil favorable. Plus les monumens recommandables en architecture ſe multiplieront , ainſi que les livres qui en traitent , & plus celui-ci, deſtiné à l'inſtruction de ceux qui commencent à s'y appliquer, ſera utile; parce qu'ils employent ſouvent les Ordres dans leurs projets avant que

d'être en état de le déterminer fur leurs proportions d'après les variétés qu'ils obfervent dans
les auteurs qui en traitent & dans les monumens, & parce qu'ils manquent fouvent de la
fortune néceffaire pour fe mettre en état de faire
ces comparaifons.

Dans ce choix que nous faifons particuliérement pour eux, nous tâcherons de nous éloigner
également de la façon de penfer de ces architectes qui, jaloux de fe diftinguer dans les
fyftèmes d'Ordres qu'ils ont fait, n'ont rien
emprunté des auteurs favans qui les ont précédés, & qui ont négligé de leur en faire honneur, ou de la fervile timidité de ceux qui
admirent & imitent tout dans les grands hommes
jufqu'à leurs défauts. Afin d'expliquer plus clairement tout ce qui eft contenu dans ce traité, nous
l'avons divifé en quatre parties.

La premiere a pour objet les Ordres confidérés
en eux-mêmes; nous déterminerons, en fuivant
la méthode que nous avons annoncée, la proportion qu'il faut donner à chacune des efpeces
de colonnes qui les diftinguent, à leurs chapiteaux, à leurs bafes, à leurs piédeftaux, à leurs

entablemens,

entablemens, & même aux plus petites parties
contenues dans ces divisions principales.

La seconde partie aura pour but l'application
des Ordres aux édifices ; en considérant les
difficultés qui se présentent le plus ordinairement quand on les y emploie, nous tâcherons de les résoudre & d'expliquer nos idées à
ce sujet de la manière la plus claire, en accom-
pagnant nos explications de figures de corniches ou d'autres parties, aussi détaillées qu'il
sera nécessaire.

Dans la troisième partie nous parlerons des
proportions qu'il faut donner aux Ordres quand
on les met les uns au-dessus des autres , &
même des proportions qui conviennent aux petits Ordres placés dans les grands ; nous ne né-
gligerons pas non plus de parler des proportions
qu'il faut donner aux attiques, relativement au:
différens Ordres qu'ils couronnent.

Enfin, dans la quatrième nous traiterons des
parties accessoires aux Ordres , comme des
croisées, des niches, des balustrades, des sou-
bassemens, des figures, & des différens rapports

que ces parties doivent avoir avec chaque Ordre en particulier.

TEL eſt le plan que nous nous ſommes tracé pour offrir de la maniere la plus claire qu'il nous a été poſſible, ce qui eſt contenu dans cet ouvrage. Heureux ſi les réflexions qu'une longue étude de l'architecture, un ſéjour de pluſieurs années en Italie, & un travail aſſidu m'ont pu fournir, me mettent en état de le rendre aſſez parfait pour qu'il puiſſe contribuer en quelque choſe au progrès d'un art dans lequel toutes les nations éclairées s'efforcent de ſe ſignaler!

EXTRAIT *des Regiſtres de l'Académie Royale d'Architecture,*
du 10 Mars 1766.

Messieurs Soufflot, le Carpentier, Leroy & Boullée, chargés d'examiner
l'ouvrage de M. Potain ſur l'architecture, ont fait le rapport ſuivant, qui
a été unaniment approuvé par la Compagnie.

Nous ſouſſignés Commiſſaires nommés par l'Académie Royale d'architecture, pour lui rendre compte d'un manuſcrit qui n'eſt que la premiere
partie d'un ouvrage que M. Potain, l'un de nos confreres, ſe propoſe de
publier, & dans laquelle il eſt queſtion principalement des Ordres d'architecture qui ont été gravés & mis au jour par différens auteurs, & de ceux
que M. Potain propoſe, avons examiné ledit ouvrage chacun en particulier,
& nous ſommes enſuite aſſemblés au Louvre le Lundi 3 Mars 1766.

Nous nous y ſommes fait part de nos réflexions ; & après avoir diſcuté
nos ſentimens particuliers, nous avons unanimement penſé que les proportions propoſées par M. Potain pour les différens Ordres dont il traite,
ſont convenables au caractere de chacun de ces Ordres, & que les diviſions
& ſubdiviſions des parties qui les compoſent, ſont combinées de maniere
à en faciliter l'intelligence, & à être aiſément retenues ; mais nous ne
croyons pas que ſes principes ſoient plus invariables que ceux de pluſieurs
auteurs, dont les livres ſont eſtimés du public. Par cette raiſon nous déſi-
rerions qu'il en parlât avec plus de ménagement, & que ſans les juger il
expoſât ſimplement leurs ſyſtêmes & le ſien. Nous ſommes même perſuadés
que M. Potain ſe guideroit quelquefois comme eux par les circonſtances
plus que par ſes propres regles, parce que ſouvent ce qui réuſſit dans un
endroit, ne réuſſiroit pas dans un autre.

Nous penſons de plus que les regles, à l'égard des Ordres d'architecture,
ſont pour la plus grande partie les enfans du goût qui les a précédés, la
ſuite des affections que la vue des premiers édifices où on les a employés
a excité, & enfin le réſultat des tentatives & des réflexions que différens
hommes de génie ont faites ſuivant les poſitions dans leſquelles ils avoient à
opérer & le plus ou le moins de réuſſite que leurs ouvrages avoient eu.

L'approbation accordée par des hommes éclairés à des choſes faites
ſuivant ces regles naiſſantes, ayant déterminé peu à peu le ſentiment
général, elle a donné à ces regles une conſiſtance telle qu'elles ont enſuite
ſervi elles-mêmes à former le goût dont elles étoient émanées, mais ce
goût n'a pas perdu ſes droits ; & lorſqu'il eſt fortifié par des études pro-
fondes & par un raiſonnement ſolide, il apprend encore à n'uſer des regles
que relativement aux circonſtances dans leſquelles on ſe trouve, & à
s'élever même au-deſſus, comme pluſieurs grands hommes l'ont fait avec
ſuccès.

On ne doit donc regarder les traités ſur les proportions des Ordres
d'architecture que comme des ouvrages élémentaires propres à fixer les
idées de ceux qui veulent prendre connoiſſance de ces Ordres. Ils peuvent
faciliter auſſi les moyens de les exécuter à ceux qui ne ſont pas à portée
d'étudier ſur des édifices de divers genres qui en ont été décorés, & de

connoître par leurs études les différens partis que les architectes ont pris en construisant, & les raisons qu'ils ont eu de les prendre.

Ainsi, plus ces traités seront simples, clairs & intelligibles, plus ils pourront être utiles. C'est un grand mérite dans les ouvrages de ce genre, & nous déclarons avec plaisir à la Compagnie que nous le trouvons dans celui de M. Potain. *Signé*, SOUFFLOT, LE CARPENTIER, BOULÉE & LEROY.

JE soussigné Secrétaire perpétuel de l'Académie Royale d'architecture, certifie le présent extrait conforme aux registres de ladite Académie. A Paris ce 10 Mars 1766.

Signé, *CAMUS.*

J'AI lu par ordre de Monseigneur le Vice-Chancelier, le manuscrit intitulé : *Traité des Ordres d'Architecture*, &c. & j'en crois l'impression très-utile. A Paris le 19 Mai 1767. COCHIN.

TABLE

Des Chapitres & Articles contenus dans cette premiere Partie.

CHAPITRE PREMIER.

CHAPITRE SECOND.

CHAPITRE TROISIEME.

Fin de la Table.

TRAITÉ

TRAITÉ
DES ORDRES D'ARCHITECTURE.

PREMIERE PARTIE.
DES CINQ ORDRES EN GÉNÉRAL.

CHAPITRE PREMIER.
Idées préliminaires sur l'Architecture en général, & sur les parties qui la composent.

ARTICLE PREMIER.
De l'origine & des progrès de l'Architecture.

L'ARCHITECTURE doit sa naissance à la nécessité que les hommes ont eu de se garantir des injures de l'air. Quelques arbres coupés & couchés par terre, des pieux entrelacés de feuillages & de petites branches, furent la demeure des premiers hommes; ensuite de la terre délayée avec de l'eau, sechée au soleil, servit à faire des murailles: mais comme les hommes,

à l'envi les uns des autres, ont amélioré leur demeure, insensiblement ils en ont fait un art qui s'est perfectionné de plus en plus,
à mesure qu'on l'a pratiqué : on employa enfin les pierres & les
marbres. Un mortier composé de terre choisie, succéda à la
boue ; on n'épargna ni les bronzes ni les autres métaux, & l'on
chercha les moyens de donner des formes plus gracieuses & plus
heureuses à toutes ces matieres ; en un mot on voulut avoir de
belles proportions dans la construction des édifices, & l'on fit
régner une harmonieuse symmétrie dans toutes les parties qui
étoient dans leurs compositions. Les Egyptiens & les Grecs
furent les premiers qui chercherent à perfectionner ainsi l'architecture. Ensuite les Romains, ayant su profiter des victoires qu'ils
remporterent sur ces nations, pour embellir leur ville des dé-
pouilles des Grecs, s'appliquerent aussi à ce grand art, & bâtirent
ces superbes monumens dont les restes précieux font encore
aujourd'hui l'admiration de tout l'univers.

Le bon goût de l'architecture, après être parvenu au plus haut
point de perfection où il pouvoit atteindre, diminua insensiblement sous les Empereurs Romains, & se perdit totalement vers
le quatrieme siecle. Les Princes, occupés alors à soutenir leurs
Etats, n'avoient plus le loisir de favoriser les arts ; & la désola-
tion que les barbares porterent ensuite par toute l'Europe,
acheva d'anéantir l'architecture. Les temples furent bâtis sans
Ordres & sans proportions, les palais sans magnificence & sans
commodité. Un goût bifarre, que ces barbares introduisirent
pour anéantir jusqu'au nom Romain, fit leur maniere de bâtir,
laquelle s'étant perfectionnée, prit leur nom, & fut nommée
l'*architecture gothique* : ce qui dura jusques vers la fin du quin-
zieme siecle. Alors l'architecture changea de face en Italie ; &
à la gothique, qui se détruisit, insensiblement succéda l'antique,
que l'on tira des ruines des anciens monumens où elle étoit
comme ensevelie. De l'Italie elle se répandit dans les autres parties
de l'Europe, & sur-tout en France, où on la cultive suivant les
principes des meilleurs maîtres qui ont donné des préceptes,

& sur les modeles des plus superbes édifices qui nous restent de l'antiquité.

ARTICLE II.

Des parties principales des Ordres d'Architecture, & de la maniere de les dessiner.

Les parties qui constituent principalement un Ordre d'architecture, sont la colonne, l'entablement, & quelquefois le piédestal.

La colonne est un corps rond comme un arbre, dont elle fait l'office, qui sert à porter le plancher & la couverture dans un grand édifice.

L'entablement est ce qui porte sur les colonnes, & représente le plancher & le bord du toit.

La colonne & l'entablement sont les seules parties nécessaires d'un Ordre, & ce sont leurs proportions réciproques qui en constituent le caractere distinctif.

Le piédestal doit varier de proportion, selon l'espece de colonne qu'il doit soutenir; & quoiqu'on soit forcé quelquefois d'employer des piédestaux dans les edifices, ils ne doivent cependant pas être regardés comme une partie essentielle des Ordres, puisqu'on peut & qu'on doit même éviter, autant qu'il est possible, d'en faire usage.

Pour représenter un Ordre, les parties d'un Ordre, ou tout un édifice, on les dessine de différentes manieres, & ces différentes manieres de dessiner ont reçu différens noms des architectes.

Si l'on figure, ou qu'on dessine la place qu'occupe en superficie sur le terrein ou sur une surface parallele à l'horizon, un édifice ou une de ses parties, ce dessein sera le plan de cet édifice. Ainsi la planche premiere nous offre le plan d'un petit pavillon ou belvedere que l'on pourroit placer à l'extrémité d'un jardin.

Si l'on représente la face d'un édifice tel qu'il est nécessaire de le faire pour en déterminer les proportions tant de hauteur que de largeur, elle fera une élévation géométrale. Cette maniere de deſſiner la face d'un édifice eſt la plus propre à faire connoître avec netteté ſes proportions. La deuxieme planche contient l'élévation géométrale du belvedere dont nous venons de parler.

Si on vouloit d'une autre maniere repréſenter l'intérieur d'une ou de pluſieurs parties d'un édifice, ſoit ſur la largeur, ſoit ſur la longueur, avec les épaiſſeurs des murs, des voûtes, des planchers, & la diſpoſition des combles, ce ſera une coupe. On trouvera ſur la troiſieme planche la coupe du belvedere que nous détaillons.

Enfin, ſi on repréſente une ou pluſieurs faces d'un édifice, & même les intérieures, telles qu'elles paroiſſent à la vue, avec le deſſous & les côtés de leurs parties ſaillantes, ce ſera une élévation perſpective. La quatrieme planche repréſente la vue perſpective de deux faces & de l'intérieur du belvedere figuré dans les trois autres planches. Ces différentes manieres de deſſiner, que nous déſignons par les mots de plan, d'élévation géométrale, de coupe, & d'élévation perſpective, s'expriment encore par ces mots moins communs, tirés du grec, ichnographie, ortographie, ſciographie, & ſcénographie.

ARTICLE III.

Des Moulures qu'on emploie dans les Ordres, de leur utilité & de leurs caracteres.

LES moulures ſont très-eſſentielles dans la compoſition des Ordres d'architecture, elles ſervent à diviſer les grandes maſſes des entablemens, à orner les baſes & les chapiteaux des colonnes, les impoſtes & les archivoltes, les corniches & les baſes des piédeſtaux, & les chambranles des portes & des croiſées. Il eſt donc à propos, vu leur utilité, de faire connoître en quoi elles different, l'art de les aſſembler, & la maniere de les tracer.

On les diviſe en trois claſſes ; en moulures quarrées, en moulures rondes, & en moulures mixtes ; & les mêmes moulures qui ont un certain nom quand elles font grandes , en changent quand elles font petites.

L'art d'affembler les moulures, confifte à faire un mélange agréable des quarrées avec les rondes , à en introduire de mixtes, à partager les plus grandes par d'autres plus petites , à les difpofer enfin refpectivement entre elles, de maniere qu'il en réfulte cet accord heureux qu'on ne remarque que dans le petit nombre d'édifices qui captivent notre admiration. En effet , on obferve dans différens bâtimens, que le trop de moulures quarrées préfente de la dureté dans un profil ; que le trop de moulures rondes ne lui donne pas affez de caractere ; & que fi les plus grandes ne font pas féparées par d'autres plus petites , le profil n'offre pas affez de variété.

Nous diftinguerons quatre efpeces de moulures, les quarrées , les mixtes, les rondes, & les petites ; nous citerons leurs différentes applications & leurs noms particuliers.

· Des Moulures quarrées.

Les grandes moulures quarrées font les larmiers d'entablement, que l'on emploie pour former les grandes maffes des corniches, & pour empêcher que l'eau ne tombe fur les autres parties de l'architecture, comme on le voit en A, fur la cinquieme planche de ce chapitre : les larmiers des denticules B, les faces d'architrave C, les tailloirs Tofcan & Dorique D & E, les plinthes des bafes de colonnes & de piédeftaux F & G, les plinthes de bâtimens H , & les plafonds de larmiers I.

Il y a de petites moulures quarrées, nous n'en parlerons que dans notre derniere divifion.

Les moyennes moulures quarrées font les couronnemens de cimaife K, les couronnemens d'architraves, d'impoftes, d'archivoltes, & quelquefois de corniches de piédeftaux L, & les côtes de cannelures M.

DES MOULURES MIXTES.

Les moulures mixtes sont les larmiers couronnés d'un filet, marqués N, auxquels, pour ôter la dureté de deux quarrés liés ensemble, on a fait par le haut une partie courbe liée avec une droite; non-seulement les larmiers sont susceptibles de ces liaisons de ligne courbe & de ligne droite, mais encore les faces des architraves, impostes, archivoltes, & les plafonds de larmier O.

DES MOULURES RONDES.

Il y a trois sortes de moulures rondes, savoir les creuses ou concaves, les saillantes ou convexes, & celles qui sont à la fois creuses & saillantes, ou concaves & convexes; les creuses sont de plusieurs especes: savoir, les cavets droits marqués P, (*même planche 5.*) les cavets renversés Q, qui sont formés l'un & l'autre de quarts de cercle, & les cannelures: on en distingue de formes différentes; les Doriques sont formées par le quart ou le sixieme d'un cercle, & leurs côtes sont à vives arrêtes, comme elles sont désignées par R; les cannelures Corinthiennes sont creusées en demi-cercle, comme elles sont représentées en S; les Ioniques sont semblables aux Corinthiennes, avec cette seule différence qu'elles sont remplies jusqu'au tiers de la colonne de parties rondes, ainsi qu'il est représenté en T; les scoties, marquées V, sont encore du nombre des moulures creuses, & sont environ de la valeur d'un demi-cercle; mais elles se forment de plusieurs ouvertures de compas, comme on le verra dans la maniere de tracer les moulures: elles s'emploient dans les bases des colonnes, & rarement ailleurs.

Les moulures rondes saillantes sont les quarts de rond droits X, & renversés Y, formés par des quarts de cercle, les tores supérieurs Z, & les inférieurs a. Les tores supérieurs ne s'emploient que dans les bases des colonnes, & sont ordinairement au-dessus d'une scotie; les tores inférieurs s'emploient dans les bases des piédestaux, comme dans celles des colonnes. On peut mettre au nombre des moulures rondes faillantes, les rempliffages des cannelures Ioniques dont il vient d'être parlé.

Les moulures rondes, qui font à la fois faillantes & creufes, font les doucines & les talons. Les doucines droites font marquées b, elles fervent ordinairement de cimaife aux corniches, & peuvent fe placer dans d'autres parties. Les doucines renverfées c, ne fervent qu'aux bafes des piédeftaux, elles font compofées de deux quarts de cercle, l'un en creux, l'autre en faillie. Les talons droits font marqués d, & les renverfés e; les droits font d'ufage prefque par-tout: les renverfés ne s'emploient que dans les bafes des piédeftaux, & n'y ont été placés que par peu d'auteurs; ils font compofés, ainfi que les doucines, de deux quarts de cercle.

DES PETITES MOULURES.

Du nombre de ces petites moulures il n'y a que l'aftragale qui porte un nom différent de celles dont il a été fait mention, quoiqu'il ait une forme femblable au tore, comme le filet reffemble au couronnement de cimaife. L'aftragale, proprement dit, eft compofé de plufieurs moulures; favoir, le petit tore, que l'on nomme *baguette*, le filet du deffous ou du deffus, & l'adouciffement, qui eft compris dans les moulures mixtes. L'aftragale complet s'emploie de différentes manieres, ou détaché comme en f, ou joint avec d'autres moulures, comme en g, en h, en i, en k, &c. La baguette s'emploie féparément, comme il eft marqué en l, en m & en n. Toutes les autres petites moulures font des filets des talons p, q, r, des cavets & des quarts de rond, qui s'emploient en petites moulures pour faire valoir les grandes.

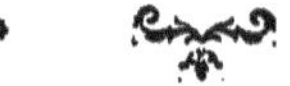

ARTICLE IV.

Maniere de tracer les moulures au compas.

BIEN des perfonnes tracent les moulures à la main, l'ufage feul peut donner le moyen de les bien faire. Mais il faut les avoir deffiné long-tems par principes pour les bien connoitre, c'eft pourquoi l'on a donné la maniere de les tracer avec le compas.

Pour tracer un tore, il faut premierement faire le quarré ABCD, (*planche 6, figure premiere*) & après avoir déterminé la faillie BE du tore, il faut tirer la ligne EO, parallele à la ligne BD; on partagera la ligne de la bafe CD en deux également au point F, & l'on tirera la ligne EF qu'il faut partager en deux au point G, & porter la longueur EG de E en H; enfuite on partagera la ligne EO en deux au point I, & la diftance IH en deux au point K, on tirera la ligne KN parallele à la ligne OD, & la diagonale AD qui coupera la ligne KN au point M. Prenez enfuite la diftance MN, que vous porterez fur la ligne EO de E en L, tirez la ligne LM, & des points L & M faites à volonté les fections R & S, & par ces fections abaiffez une ligne qui coupera la prolongation de la ligne EO au point P. Des points P & M tirez la ligne PMQ, elle fera l'interfection des deux portions de ce cercle qui formeront le tore; du point P pour centre & de l'intervalle PE, il faut décrire la portion de cercle EQ, & du point M & de l'intervalle MQ, on décrira l'arc QNF, dont les lignes BD & CD doivent être les tangentes, & le tore que l'on demande fera tracé.

Pour tracer la fcotie, (*figure 2,*) il faut, comme au tore, former le quarré ABCD, & déterminer le reculement du quarré fupérieur à la volonté en E, tirer la ligne EC qu'il faut partager en deux également au point F, & porter la longueur CF fur la ligne CB, de C en G, tirer la ligne LG parallele à CD, partager la ligne CB en deux au point H & divifer la diftance de G en H en deux au point I. Du point I & de l'intervalle IB on formera la portion de cercle BK coupant la ligne LG au point K; des points I & K on formera-les fections à volonté P & Q, on tirera par ces fections une ligne jufqu'à ce qu'elle coupe la prolongation de la ligne CB au point R : par les points R & K on tirera la ligne SKR qui doit faire l'interfection des deux portions de cercles. Du point R pour centre & de l'intervalle RC il faut décrire l'arc CS, & du point K pour centre & de l'intervalle KS décrire l'arc SL. Pour faire la troifieme portion de cercle, il faut des points L & E former à volonté les deux fections M & N, & tirer une ligne qui paffe par ces deux fections, & qui coupe la ligne LG au point O qui fera le centre de la portion de cercle LE, ce qui formera la fcotie que l'on demande.

Pour décrire un congé ou adouciffement (*figure 3.*) il faut partager la faillie TV en fept parties égales, en ajouter deux de plus, & de ces neuf parties former le lozange YXTV; on prendra fix de ces parties de la bafe que l'on portera fur la ligne VX de V en ʌ & des points 2 & ʌ on tirera une ligne jufqu'à ce qu'elle rencontre la prolongation de la ligne YX en Z. Du point Z pour centre & de l'intervalle ZY, on décrira l'arc Y, & du point ʌ & de l'intervalle ʌ &, l'arc &V, & l'adouciffement fera formé.

Pour tracer une doucine droite ou renverfée, il y a deux manieres dont l'une a plus de caractere que l'autre, c'eft-à-dire marque davantage & fait plus d'effet ; c'eft par celle-là que nous allons commencer. Quand la hauteur & la faillie feront déterminées, (*planche 7. figures 1 & 2.*) par les points A & B, il faudra tirer la ligne AB que l'on partagera en neuf parties égales : cinq de ces parties ferviront à en former le concave, & les quatre autres à en former le convexe. Du point C, qui fera celui de la féparation du concave au convexe, & du point A on fera la perpendiculaire ED, & des points C & B on fera de même la perpendiculaire FG, on tirera les lignes à plomb AD, BG; du point D pour centre, & de l'intervalle DA on décrira l'arc AC; du point G pour

centre , & de l'intervalle **GB** on décrira l'arc **BC** , & la doucine
fera formée. La même opération fera obfervée pour la doucine
renverfée.

Pour tracer les doucines (*figures 3 & 4.*) qui doivent avoir
moins de caractere , après en avoir déterminé la faillie & la hauteur , par les points **A** & **B** on tirera la ligne **AB** , on la divifera
en deux également au point **C** , & le refte de l'opération fe fera
comme aux autres.

Pour tracer les talons droits (*figures 5 & 6.*) il faut en déterminer la hauteur & la faillie à volonté **A** & **B** , tirer la ligne **AB**
que l'on partagera en deux également au point **C** , fur le milieu
de la diftance des points **A** & **C** élever la perpendiculaire **DE** ,
& fur le milieu de la diftance des points **C** & **B** élever également
une perpendiculaire **FG**. Ces perpendiculaires élevées fur la ligne
oblique **AB** rencontreront les lignes de niveau **AE** & **BG** aux
points **E** & **G** ; ces points ferviront de centre pour tracer les portions de cercles **BC** & **CA** qui formeront le talon droit : la même
opération s'obfervera pour tracer les talons renverfés.

Pour tracer les cavets droits qui feront formés par un quart
de cercle (*figures 7 & 8.*) , après en avoir determiné la hauteur
on baiffera la ligne à plomb de la faillie , puis prenant pour centre
le point **C** à l'endroit où elle rencontrera la ligne de la hauteur de
la moulure , & pour rayon cette hauteur **CA**, on décrira l'arc **AB**,
& le cavet fera formé. La même opération fera obfervée pour les
cavets renverfés.

Mais lorfque l'on fera gêné pour la faillie du cavet , & qu'il
ne pourra pas être formé par un quart de cercle , il le faudra faire
d'un quart d'ovale , c'eft-à-dire qu'après en avoir déterminé la hauteur & la faillie par le parallelogramme **ABCD** (*figure 9.*), il faudra
prendre la longueur **AB** que l'on portera fur la ligne **AD** de **A**
en **E.** Des points **D** & **E** & de leurs intervalles on décrira la
fection **F** , & l'on tirera la ligne **FG** parallele à la ligne **CD**. Du
point **G** pris pour centre & de l'intervalle **GF** on décrira l'arc **FH**,
qui coupera la ligne **AD** au point **H**. De ce point pris pour centre

& de l'intervalle H A on décrira l'arc AI en mettant la pointe du compas au point A, & de la même ouverture dont on a formé la portion de cercle AI, faites la section I; des points I & H, tirez une ligne qui rencontre la prolongation de la ligne CD en K; du point K pour centre & de l'intervalle KI, décrivez l'arc IC, & le cavet demandé sera formé.

Le quart de rond (*figure 10.*) se fera de même que le cavet d'un quart de cercle; mais si l'on est gêné pour la saillie, on peut le former avec un quart d'ovale de la même maniere que le cavet a été formé.

Pour faire une astragale avec son filet & son congé (*figure 11.*) après avoir déterminé la saillie totale CA que l'on partagera en deux également au point B, on partagera la hauteur de la baguette en deux, & l'on tirera la ligne FE parallele à la ligne BA : on prendra la moitié AE de la hauteur de cette baguette que l'on portera de A en H & de D en G; il faut ensuite tirer la ligne HG qui coupera celle EF au point F, lequel point F sera le centre d'où l'on décrira le demi-cercle GEH, & la baguette sera faite. Pour tracer le congé sous le filet, on se servira de l'opération qui a été expliquée sur la troisieme figure de la planche précédente.

Lorsque l'on voudra donner moins de saillie à la baguette, l'on mettra la ligne de l'à-plomb du centre de la baguette au nud du filet du dessous, comme il est représenté à la douzieme figure de cette septieme planche.

ARTICLE V.

Des moulures éloignées de la vue.

Desgodets, dans les leçons qu'il a dictées, étant professeur à l'académie royale d'architecture, a donné des proportions différentes pour les moulures éloignées de la vue; mais il n'est pas d'accord en cela avec ce qui a été pratiqué à la Basilique de saint Pierre à Rome; il prétend que plus les moulures s'éloignent de la vue, plus elles doivent être adoucies & peu caractérisées. Cependant l'expérience prouve le contraire, puisque plus un entablement est éloigné de nous, moins le détail de ses moulures est sensible. Pour remédier à cet inconvénient, il est nécessaire d'en forcer les contours & d'en creuser les intervalles, comme Michel-Ange l'a pratiqué au dôme de S. Pierre. On en donne ici deux exemples sur la planche 8 : l'un est l'entablement circulaire placé au-dessus des pendentifs du dôme qui porte l'Ordre intérieur du tambour, posé à plus de 150 pieds de hauteur ; l'autre est l'entablement Corinthien du tambour du dôme vu par dehors, élevé à près de 200 pieds de terre. Les grands effets que produisent ces deux ouvrages, font assez connoître la nécessité de ne pas admettre le sentiment de Desgodets ; nous ne donnerons pas de proportion particuliere pour ces moulures, c'est à l'architecte judicieux à savoir prendre son parti dans les occasions relativement à l'éloignement où ces entablemens peuvent être placés.

ARTICLE VI.

De la diminution des colonnes.

La diminution des colonnes étant ce qui les rend plus ou moins parfaites, les auteurs qui en ont écrit ayant plutôt cherché à interpréter le texte de Vitruve qu'à faire des remarques sur les colonnes qui nous restoient des édifices antiques, ont tous formé des systèmes différens. Desgodets, qui en a pris les mesures avec la plus scrupuleuse exactitude, a remarqué que les auteurs avoient mal expliqué le terme de renflement. Perrault, en traduisant Vitruve, l'a rendu par celui d'accroissement, qu'il donne au milieu de la colonne : la plupart des auteurs l'ont entendu comme un accroissement qui devoit se faire au diametre du bas de la colonne, lequel accroissement, s'il avoit été donné au milieu de sa hauteur, ainsi qu'il est dit dans le texte, auroit fait un très-mauvais effet ; mais les connoissances que Desgodets avoit acquises par

le travail qu'il avoit fait fur les ouvrages même qui avoient pu
guider Vitruve, lui ont fait remarquer que cet accroiffement ou
renflement n'étoit relatif qu'à la ligne oblique qui feroit tirée du
diametre du bas de la colonne à celui du haut, lorfqu'on ne les
diminue pas fuivant une feule ligne tirée du bas en haut, ainfi
qu'on l'a pratiqué dans les édifices antiques, qui font les vrais
modeles que nous devons fuivre.

Nous remarquerons en paffant que l'ufage du renflement, tel
qu'il a été pratiqué par les auteurs modernes, eft contraire au
principe de la nature de la colonne, & qu'il a été une des principales raifons qui ont déterminé la plus grande partie de nos
auteurs à condamner la diminution des pilaftres, comme nous
le ferons remarquer quand il en fera tems.

Nous donnerons cependant les différentes manieres des principaux auteurs, pour les mettre en parallele avec celle de Defgodets, que nous adoptons comme la plus facile à pratiquer dans
l'exécution.

On commencera par Vignole, qui donne deux manieres de
tracer la diminution des colonnes (*planche 9.*); la premiere eft
de la faire du même diametre depuis le bas jufqu'au tiers, & de
ne la diminuer que depuis le tiers jufqu'au haut.

Il faut pour cet effet déterminer la hauteur de la colonne,
(*planche 9, fig. 1.*), fa groffeur par le bas & celle par le haut,
élever jufqu'au tiers les deux côtés de la colonne en confervant
le diametre du bas, tirer la ligne AC parallele à fa bafe, divifer
les deux tiers fupérieurs de la colonne en fix, tirer par chacune
de ces divifions des lignes paralleles à la bafe AC, & former le
demi-cercle ABC. On abaiffera la ligne DE parallele à l'axe, &
elle viendra toucher le demi-cercle en E; il faudra divifer la diftance
de A à E en fix parties égales fur le demi-cercle : de chacun de
ces points il faut tirer des lignes paralleles à l'axe de la colonne,
pour rencontrer les fix lignes AC, FP, GO, HN, IM, KL,
& par les points de rencontre on fera paffer la ligne courbe
AFGHIK. Cette méthode eft affez fimple & facile.

La feconde méthode de Vignole eft avec renflement au tiers ;
mais comme on peut la fuivre fans cependant fe fervir du renflement , nous allons l'appliquer à notre principe , qui eft de diminuer les colonnes depuis le bas.

Ayant déterminé fa hauteur AB (*fig.* 2.) , fon demi-diametre
AC , & celui de fa diminution BD, il faut prendre fon demi-diametre
du bas AC , porter la pointe du compas en D , & de l'ouverture
AC former une portion de cercle qui coupe l'axe en E. On pro-
longera enfuite les deux lignes DE & CA jufqu'à ce qu'elles fe
rencontrent , & partageant la hauteur de la colonne en neuf
parties égales en G , Q , I , K , L , M , N , O , B, de ces points &
du point de rencontre , on tirera les lignes GP , QH , IR , &c,
& l'on portera fur toutes ces lignes la longueur AC , partant
toujours de la ligne de l'axe AB. Tous ces points formeront le
contour de la diminution de la colonne. Cette méthode n'a rien
de préférable à l'autre , & il eft plus difficile de la tracer en
grand , mais on peut s'en fervir fans avoir befoin du point de
centre ; il ne faut pour cela que tirer les lignes paralleles des neuf
divifions G a , Q b , I c , K d , L f , M g , N h , O l. Ayant tiré une
ligne droite du point D au point C, on divifera la hauteur AE
en neuf parties égales aux points m , n , p , q , r , f , t , u , & l'on
tirera les lignes obliques ma , nb , pe , qd , rf , fg , ul. De ces points aux
autres divifions fur ces lignes ponctuées on portera la diftance AC ,
& l'on aura la même portion de cercle pour la diminution. Cette
opération fera plus facile à pratiquer en grand que la précédente.

Scamozzi donne auffi (*planche 10.*) deux méthodes pour
tracer la diminution des colonnes à différentes hauteurs dans
tous les Ordres , en faifant monter à plomb le diametre du
bas jufqu'à la hauteur où il commence à les diminuer, laquelle
eft au quart de la hauteur à l'Ordre Tofcan , & au tiers au
Corinthien : les Ordres intermédiaires entre ces deux-ci prennent une proportion relative. Pour cet effet , ayant partagé la
différence du quart au tiers en quatre parties , il en ajoute une
au Dorique , deux à l'Ionique , trois au Compofite , &c.

Nous nous servirons des deux extrêmes, commençant par la diminution au quart. Ayant divisé la hauteur de la colonne en douze parties égales, (*figure 1.*) & ayant déterminé la moitié de la grosseur de la colonne par le bas AC, sur la troisième division SG, on fait un quart de cercle TQG qui a pour rayon le demi-diametre du bas de la colonne. Après avoir déterminé son petit demi-diametre par le haut BD, & tiré par l'extrémité de celui-ci la ligne à plomb DQR parallele à l'axe, où cette ligne coupera le quart de cercle en Q, il faudra diviser en neuf parties égales la hauteur RQ, & tirer par les points de division des lignes paralleles à la troisieme division SG : où elles viendront toucher le cercle, ce seront les points qu'il faudra porter sur les lignes des neuf divisions de la colonne des points G, H, I, K, L, M, N, O, P, D. Ces neuf divisions donneront les points par lesquels il faudra faire passer la diminution de la colonne ; mais cette méthode est vicieuse, particulierement pour les colonnes d'un fort diametre, parce qu'elles diminuent trop sensiblement à la hauteur du chapiteau, à cause que c'est une portion d'ellipse, & non un arc de cercle comme les autres.

La seconde maniere (*même planche, figure 2.*) est qu'ayant commencé à opérer comme ci-dessus, relativement au tiers de la colonne, après avoir tiré de l'extrémité du diametre supérieur la ligne DQ parallele à l'axe & qui rencontre le quart de cercle SQH au point Q, il faut diviser la portion restante du quart de cercle QH en quatre parties égales, & tirer quatre rayons, lesquels seront rapportés aux lignes de la division des huit parties de deux en deux pour former les quatre triangles T2K, V&M, XZO, YBD, dont les angles seront inégaux entre eux, ainsi que les bases correspondantes à celles du premier triangle : T2K étant égale à celle du deuxieme, V&M étant égale à la hauteur de celle du troisieme, &c : aux points H, K, M, O, D, de l'extrémité de ces côtés de triangles, il faut apposer une regle courbe, & tracer le contour de la diminution comme il a été dit à l'opération précédente.

François Blondel, qui a été le premier professeur de l'académie royale d'architecture, ayant mis en parallele, dans son *Cours d'Architecture*, les méthodes des quatre principaux auteurs, a imaginé une machine dont il donne le dessein pour tracer facilement & d'un seul coup de crayon la diminution des colonnes ; mais elle ne peut servir que pour dessiner, il seroit très-difficile de la mettre en pratique pour tracer les colonnes de la grandeur de l'exécution, c'est ce qui fait que nous nous dispenserons de la mettre ici.

C'est de la méthode de Desgodets, aussi professeur de l'académie royale d'architecture, que nous pensons qu'on peut se servir par préférence, parce qu'elle donne plus d'exactitude quand on trace en grand, & que c'est relativement au grand qu'il est le plus utile de tracer avec précision le contour de leur diminution.

L'avantage de cette méthode ayant fait desirer qu'on pût en rendre l'opération moins compliquée qu'elle ne l'est dans celle qu'il nous a laissée, nous nous sommes servis du triangle que nous donne Desgodets, & nous l'avons partagé en autant de divisions qu'il en a été fait dans la hauteur de la colonne, ce qui fait autant de triangles.

Ce principe établi, pour décrire l'arc de cercle qui doit faire un des côtés de la colonne (*planche 11.*) , il faut former le triangle dont on vient de parler, en tirant premierement une ligne droite CE de l'extrémité du diametre inférieur à la correspondante du diametre supérieur de cette colonne ; élever ensuite une perpendiculaire sur l'extrémité C, de ce diametre inférieur pris au-dessus du congé de la base, tirer au-dessus du congé supérieur une parallele au diametre dont la partie GE forme la base du triangle renversé GCE, partager ensuite en huit parties égales le côté GC dudit triangle, & mener par ces divisions des lignes parallèles à la base FD, IH, LX, NM, PO, RQ, TS, qu'il faut prolonger jusqu'à l'axe de la colonne, & même au-delà. On partagera ensuite en huit parties égales la

base

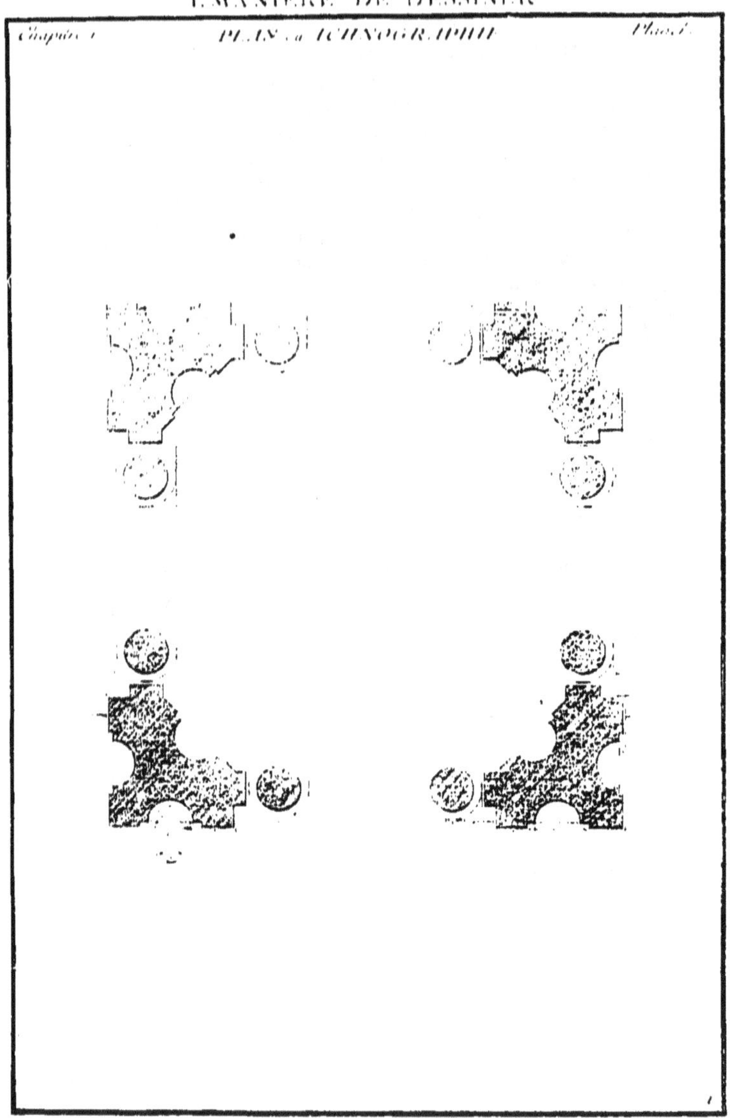

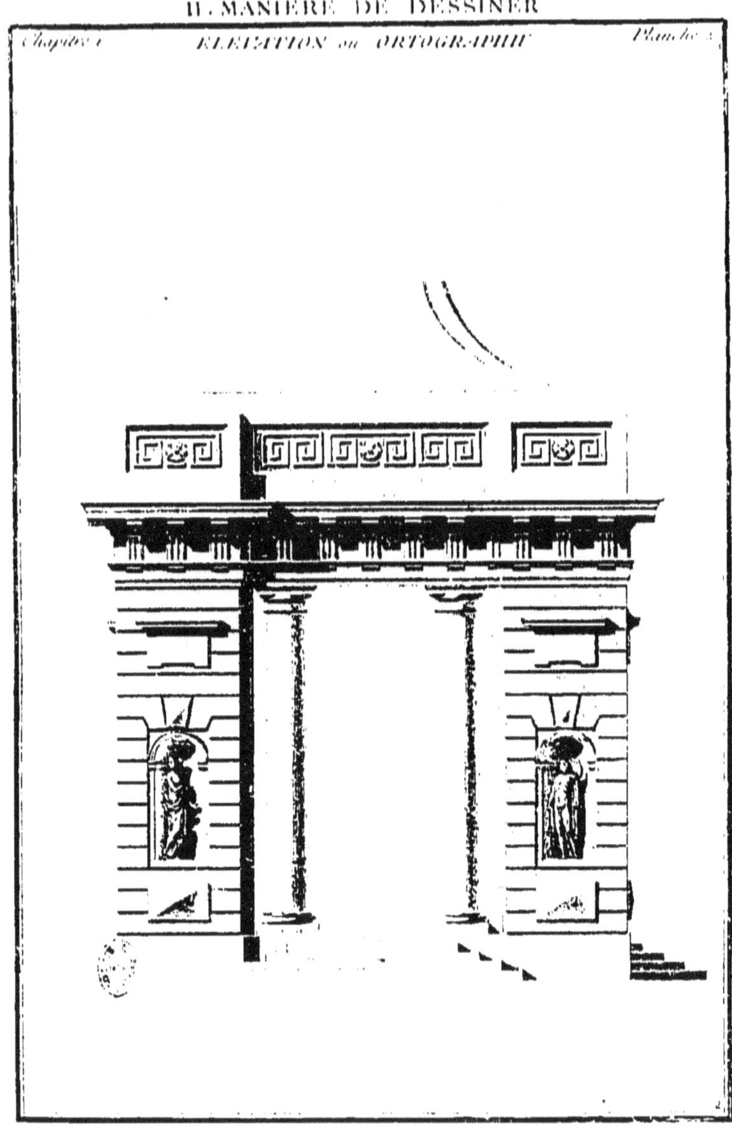

II. MANIERE DE DESSINER
Chapitre I
ELEVATION ou ORTOGRAPHIE
Planche

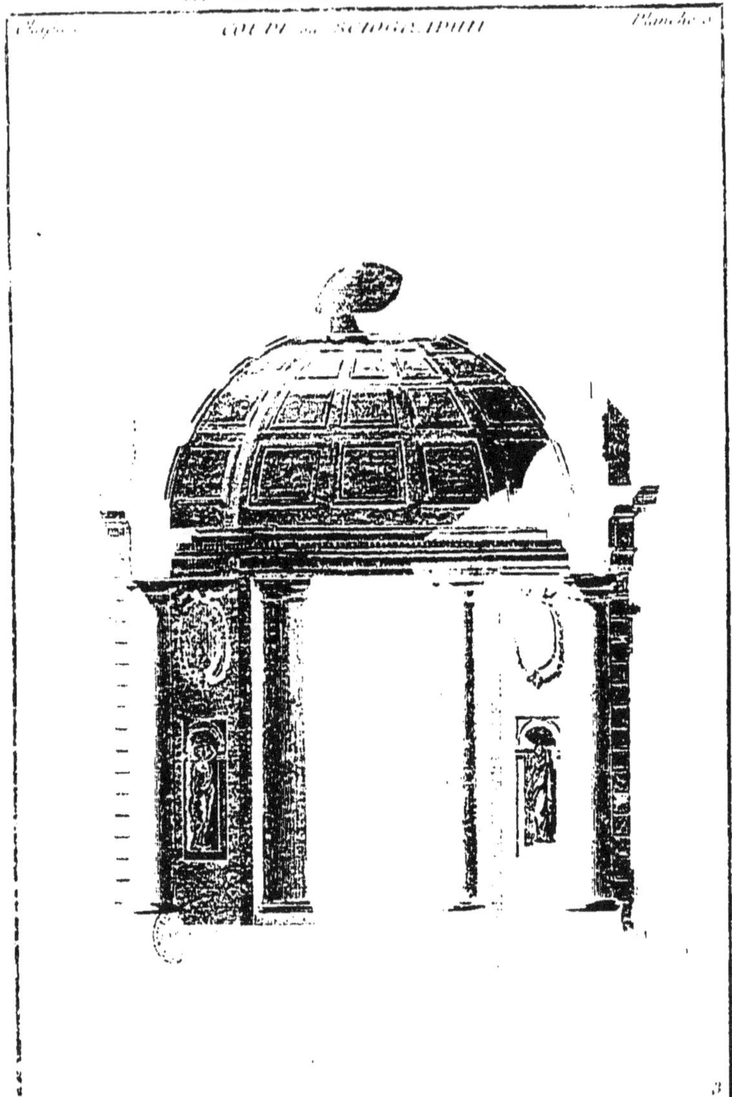

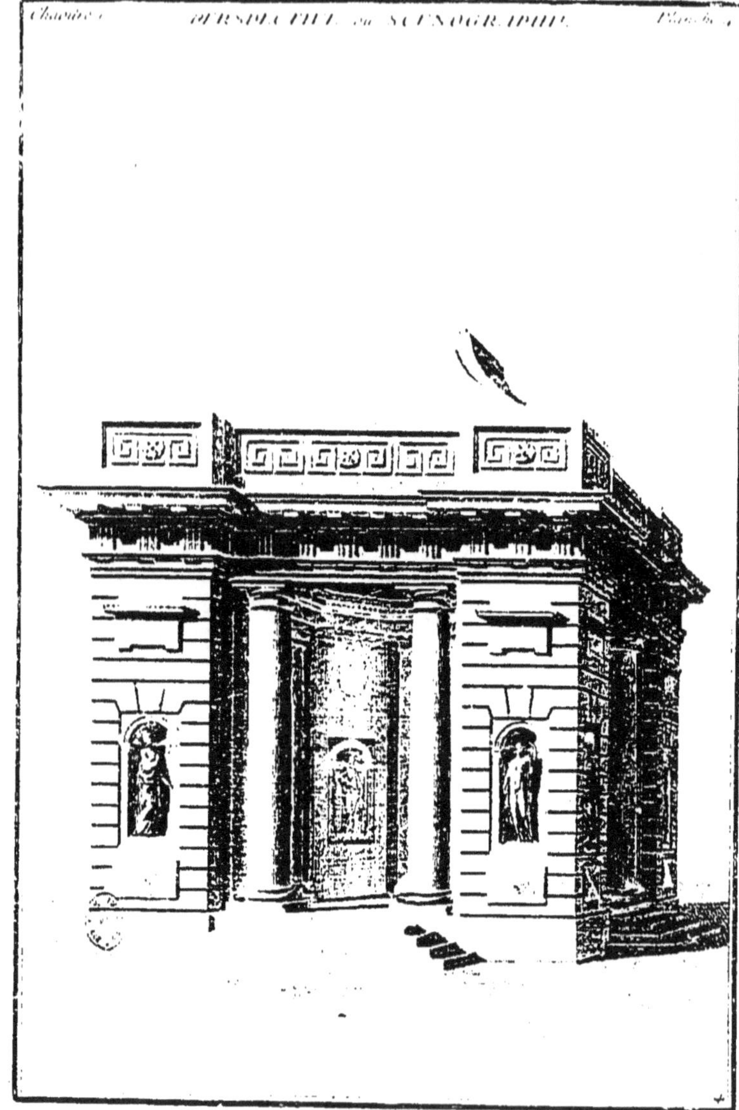

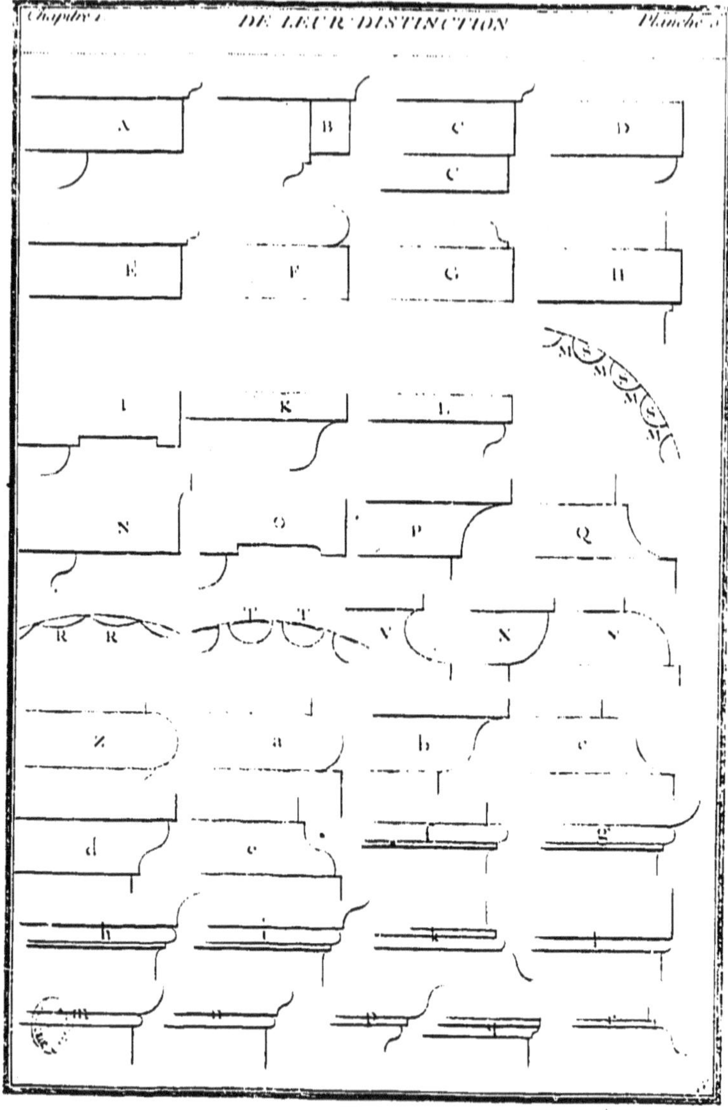

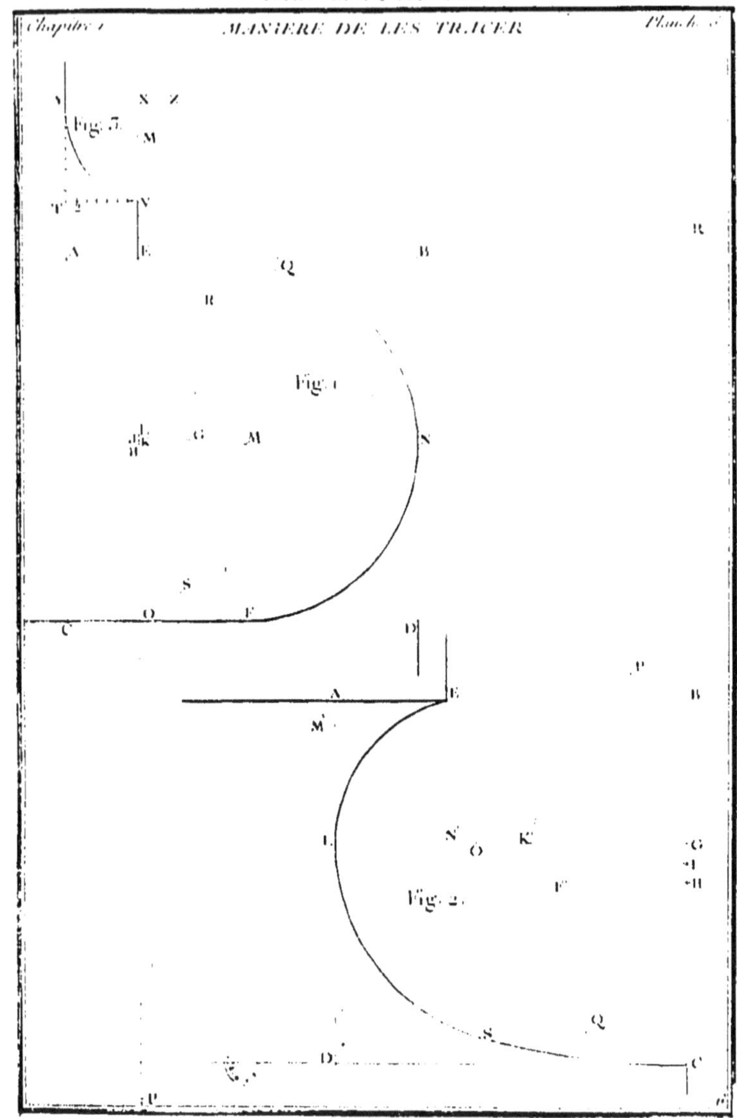
Chapitre
MANIERE DE LES TRACER
Planche
Fig. 3.
X Z
M
V
A E
R
Q B
R
Fig. 1
L
K G M N
H
S
O F
C
D
A E
M
P B
L N K G
O H
F
Fig. 2
Q
S
D C
P

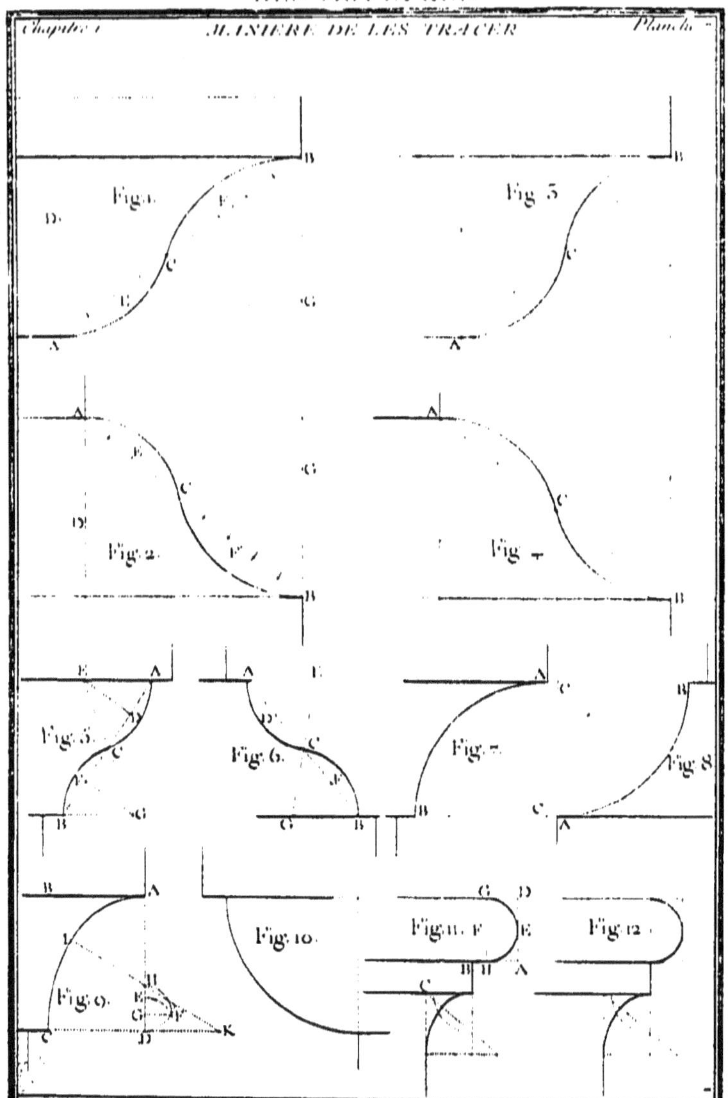
Chapitre 1
MANIÈRE DE LES TRACER
Planche
Fig. 1
Fig. 3
Fig. 2
Fig. 4
Fig. 5
Fig. 6
Fig. 7
Fig. 8
Fig. 9
Fig. 10
Fig. 11
Fig. 12

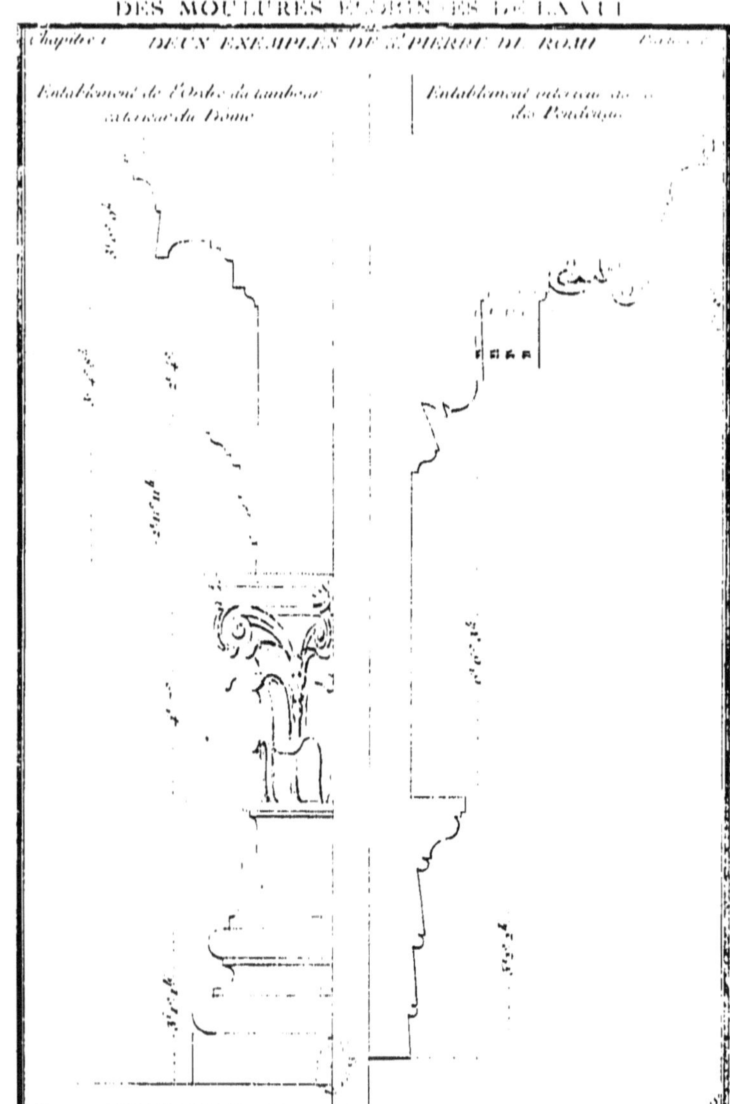
Chapitre I   DEUX EXEMPLES DE S.t PIERRE DE ROME
Entablement de l'Ordre du tambour extérieur du Dôme
Entablement extérieur des Portiques

Fig. 1

Fig. 2

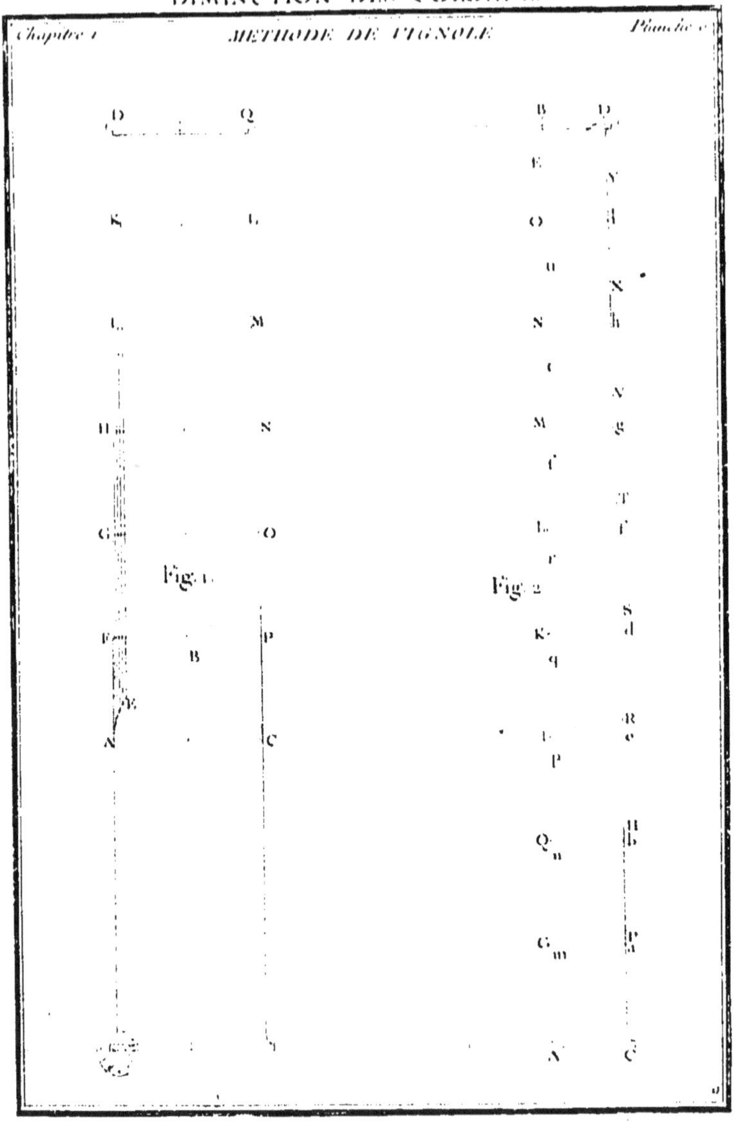

Chapitre I   *METHODE DE SCAMOZZI*   Planche

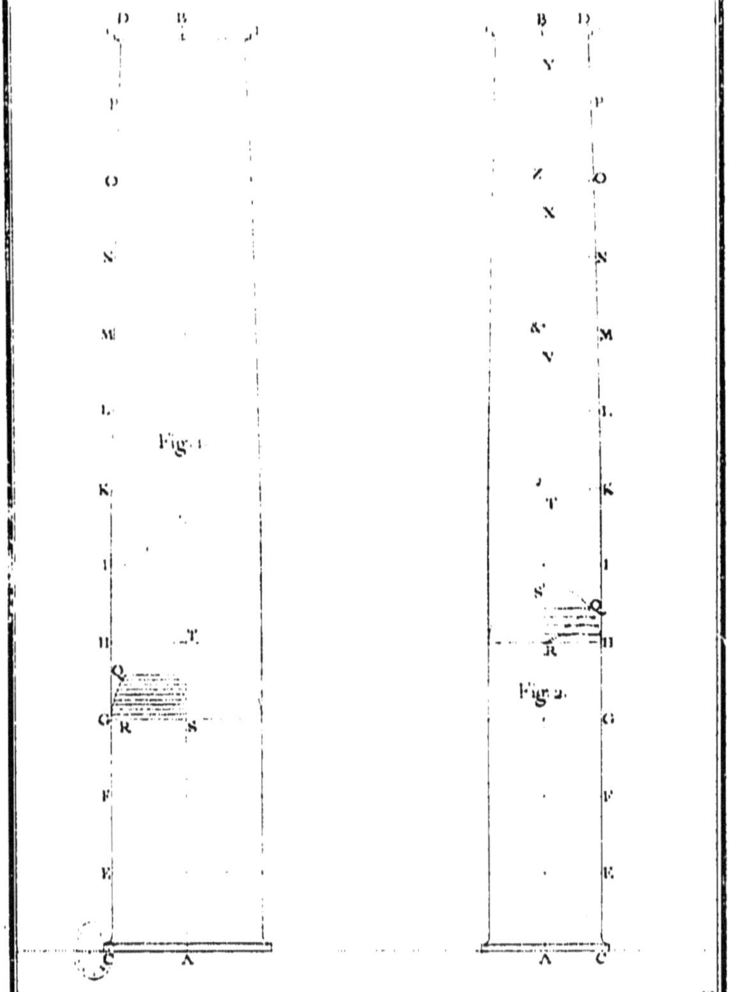

Fig. 1.

Fig. 2.

B E O E G
T S T S
R Q R Q
P O P O
N M N M
L K L K
I H I H
F D F D
C C

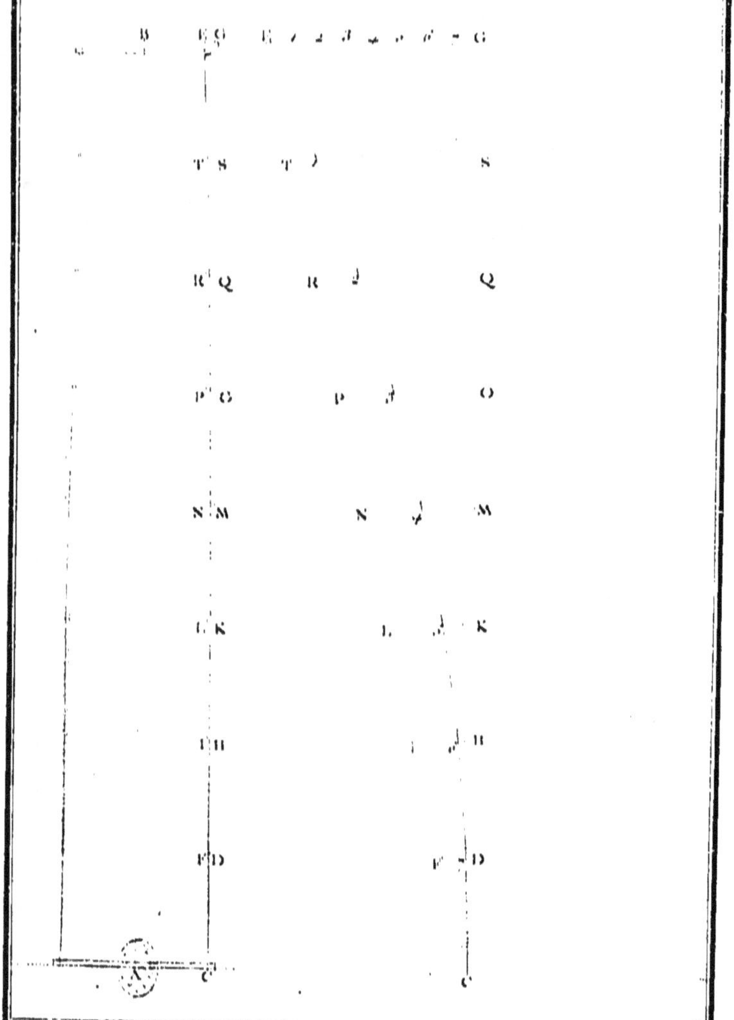

bafe GE de ce triangle aux points 1, 2, 3, 4, 5, 6, 7, & l'on menera de ces points de divifion à l'angle C, oppofé à la bafe, des lignes qui couperont les paralleles à la bafe en huit parties égales entre elles. Le point de la feptieme ligne de divifion fur la premiere parallele à la bafe FD depuis la perpendiculaire, fera un des points de l'arc de cercle cherché ; le fixieme de la parallele fuivante IH, le cinquieme de la troifieme LK, le quatrieme de la quatrieme NM, le troifieme de la cinquieme PO, le deuxieme de la fixieme QR, & le premier de la feptieme TS, feront les autres points de l'arc cherché. On voit par-là que le milieu de la quatrieme parallele donne le milieu de cet arc, & que tous les autres font dans la progreffion des parties du cercle.

Pour rendre l'opération plus fenfible, on l'a faite à côté de la figure de la colonne (*même planche.*) fur un triangle beaucoup plus ouvert, mais qui a les mêmes divifions de hauteur avec les mêmes lettres, & l'on a fini l'opération fur ce triangle que la petiteffe du deffein ne permettoit pas de mettre fur la colonne.

CHAPITRE SECOND.

Des proportions des Ordres en général.

DANS ce chapitre il fera queftion premierement des différences effentielles des Ordres ; fecondement de la variété des fentimens des auteurs anciens ou modernes dans les proportions qu'il faut donner à chaque Ordre ; troifiemement on déterminera les proportions qu'on doit fuivre pour les principales parties de chaque Ordre ; quatriemement on donnera les raifons qui doivent engager à ne jamais placer de piédeftaux réguliers fous les colonnes de chaque Ordre.

ARTICLE PREMIER.

Des différences essentielles des Ordres.

LES cinq Ordres d'architecture se divisent en deux classes, savoir les Ordres Grecs, & les Romains ou Latins.

Les Ordres Grecs sont le Dorique, l'Ionique & le Corinthien : ces trois Ordres représentent les trois différentes manieres de bâtir, c'est-à-dire, la solide, la moyenne & la délicate.

Les Ordres Latins sont le Toscan & le Composite ; ils doivent être considérés non comme des Ordres particuliers, mais comme des imitations imparfaites des trois Ordres Grecs.

On remarquera en général que tout Ordre est composé de trois parties, qui sont le piédestal ou socle, la colonne & l'entablement ; chacune de ces parties se subdivise d'ordinaire en trois autres : savoir, pour le piédestal, la base, le dez ou tronc & la corniche ; si c'est un socle il ne se subdivise pas, il ne forme qu'une partie. Les divisions principales de la colonne sont la base, le fut ou tige & le chapiteau ; enfin celles de l'entablement sont l'architrave, la frise & la corniche : ces parties sont différentes dans tous les Ordres, comme nous le ferons voir en parlant de chaque Ordre en particulier.

Les Ordres d'architecture se distinguent les uns des autres par la hauteur de leur colonne, ainsi que par la diversité de leur chapiteau & de leur entablement.

L'Ordre Dorique, qui est le premier des Ordres Grecs, a sa colonne ordinairement haute de huit fois son diametre, y compris la base & le chapiteau ; son entablement est orné de triglytes & de métopes dans la frise, & de mutules ou de denticules dans la corniche ; c'est cet Ordre qui le premier a donné l'idée d'une architecture réguliere, c'est lui aussi qui a établi le principe de la composition des entablemens en général, ainsi que nous le verrons détaillé plus au long dans les chapitres suivans ; c'est lui enfin qui demande à être employé avec plus de régularité dans les édifices.

L'Ordre Ionique, le second parmi les Ordres Grecs, a sa colonne haute le plus souvent de neuf diametres, y compris la base & le chapiteau, qui est orné de volutes de différentes especes. On distingue pour cet Ordre deux sortes de chapiteaux ; l'antique, qui est le même que celui de Vitruve, de Vignole, de Palladio, &c. a deux faces différentes. Le chapiteau moderne, dont Scamozzi est réputé l'inventeur, a les quatre faces semblables, & son tailloir est de même forme par son plan que celui du chapiteau Corinthien. La corniche de son entablement a des denticules ou des modillons simples, & ces moulures peuvent être enrichies de divers ornemens, comme oves, feuillages, entrelas, postes, & autres.

L'Ordre Corinthien, le dernier & le plus élégant des Ordres Grecs, a ordinairement dix diametres de hauteur à sa colonne, y compris la base & le chapiteau, lequel est fort haut, ayant un diametre & un sixieme de hauteur. Ce chapiteau est orné de deux rangs de feuilles, & de huit volutes qui prennent leur naissance dans huit caulicoles, lesquelles ont des feuilles qui s'étendent sous les volutes, ce qui semble annoncer un troisieme rang de feuilles. Quatre de ces volutes sont plus grandes & sont placées dans les angles, les autres sont dans le milieu des faces. La corniche de l'entablement est ornée de modillons, & quelquefois de denticules ; presque toutes ces moulures sont susceptibles d'être ornées.

L'Ordre Toscan, le premier des Ordres Latins, étant plus massif & plus solide que les Ordres Grecs, est aussi plus simple jusqu'à paroitre lourd, sa colonne n'ayant d'ordinaire de hauteur que sept fois son diametre, y compris la base & le chapiteau ; son entablement répond à la simplicité de cet Ordre, n'étant susceptible d'aucun ornement.

L'Ordre Composite, qui est le second & le dernier des Ordres Latins, a les mêmes proportions que le Corinthien, dont il n'est

qu'une imitation : fon chapiteau eft de même hauteur, & il n'en
differe que par le haut, qui eft femblable à celui de l'Ionique
moderne , & la corniche de fon entablement n'a que des mutules
doubles fur leur hauteur.

ARTICLE II.

*De la variété des fentimens des auteurs , foit anciens , foit modernes,
dans les proportions de chaque Ordre.*

ON vient de donner une premiere idée des proportions des
Ordres. En partant de leurs caracteres diftinctifs, on ne penferoit
pas d'abord que ces proportions, qui font la bafe de l'architecture,
ne fuffent pas encore fixées , & que les auteurs, foit anciens, foit
modernes, différent confidérablement entre eux fur cet article.
En effet, tout ce que nous connoiffons de monumens antiques ,
foit Grecs, foit Romains, ont des proportions prefque toujours
différentes dans les mêmes Ordres. On ne peut pas fuppléer ici aux
recueils que nous avons des antiquités, c'eft une comparaifon trop
étendue, & qu'on ne peut faire que fur les deffeins gravés qui
nous ont été tranfmis, foit d'après ceux qu'on voit à Rome &
dans l'Italie, foit d'après ceux dont on a découvert depuis peu
les ruines dans la Grece & dans quelques autres parties de l'Afie.
On y reconnoitra des différences prodigieufes. Pour ce qui
concerne les modernes, on va faire connoitre ces mêmes différences par les détails où nous allons entrer , pour faire la comparaifon d'un petit nombre des meilleurs auteurs qui ont écrit fur
l'architecture.

Vignole eft un de ceux qui ont le plus acquis de réputation ,
quoiqu'il ait quantité de parties défectueufes. Ce qui l'a fait préférer à beaucoup d'autres , eft feulement la facilité & la clarté
qu'il a répandue dans fon traité, ce qui le met à la portée de tout
le monde, tant ouvriers qu'artiftes ; mais cette clarté devient

nuifible, fes proportions font trop générales , & ne conviennent pas également à tous les Ordres ; il devient trop délicat dans les Ordres mâles , & il devient auffi trop pefant dans les Ordres légers , foit dans la hauteur de fes entablemens , foit dans la proportion de fes arcades.

Suivant fon principe, les colonnes font de très-bonne proportion en donnant à la Tofcane fept diametres, à la Dorique huit, à l'Ionique neuf , à la Corinthienne & à la Compofite dix. Les piédeftaux ont en hauteur le tiers de celle des colonnes , & les entablemens le quart de la hauteur des mêmes colonnes , d'où il réfulte que l'entablement Tofcan a en hauteur un diametre trois quarts du bas de la colonne , & qu'au contraire l'entablement Corinthien a en hauteur deux diametres & demi : l'entablement Corinthien a donc trois quarts de diametre de plus en pefanteur que le Tofcan : ce qui répugne au bon fens , parce que les colonnes , loin d'acquérir de la force à proportion qu'elles deviennent hautes & menues , deviennent plus foibles , & par conféquent ne devroient pas être plus furchargées : d'où il fuit qu'il feroit néceffaire de diminuer les entablemens au lieu de les accroître , comme a fait cet auteur. Il a auffi rendu toutes fes arcades de même proportion dans tous les Ordres, ce qui eft contraire à la différence qu'il y a de la folidité de l'Ordre Tofcan à la légéreté du Corinthien. Il a encore , dans les détails, des profils maigres qui y ont été occafionnés par la divifion de fon module, ayant cherché à éviter , tant qu'il a pu , les fractions des parties : d'où l'on ne peut s'empêcher de conclurre que s'il eft clair & facile à comprendre par fa façon de s'énoncer , il eft en même tems très-défectueux dans plufieurs de fes principes.

Palladio , qui a beaucoup mieux profilé que Vignole , ne s'eft pas fervi des mêmes proportions pour la hauteur de fes colonnes , piédeftaux & entablemens. Dans l'Ordre Tofcan il a donné à la hauteur du focle, qu'il a mis fous les colonnes au lieu de piédeftal, un diametre de la colonne, ou le feptieme de la hauteur & le quart de l'entablement. A l'Ordre Dorique il a donné deux proportions de colonnes, l'une fans bafe, à l'imitation des anciens qui n'en mettoient point à cet Ordre, & une autre proportion avec bafe; celle fans bafe a fept diametres & demi de hauteur, & l'entablement en a le quart, le piédeftal a le tiers de fept diametres feulement ou du fût de la colonne fans le chapiteau; & lorfque ces colonnes ont des bafes, il leur a donné huit diametres deux tiers de hauteur, & l'entablement ni le piédeftal ne changent point de proportion, quoiqu'ils n'en aient plus avec ces colonnes. Dans l'Ordre Ionique l'entablement eft au cinquieme de la hauteur de la colonne, qui eft de neuf diametres de hauteur, & le piédeftal eft entre le tiers & le quart. A l'Ordre Corinthien l'entablement eft auffi au cinquieme de la hauteur de la colonne, qui eft de neuf diametres & demi, y compris la bafe & le chapiteau; & le piédeftal eft un peu plus du quart, c'eft-à-dire deux diametres & demi de la colonne. Pour l'Ordre Compofite, il differe du Corinthien dans les proportions : il a donné au piédeftal le tiers de la hauteur de la colonne, qui a dix diametres, & il a également donné le cinquieme à la hauteur de fon entablement.

Or il réfulte de-là que ces deux auteurs ne fe font point accordés, ni dans la proportion de leurs colonnes, ni dans celle des entablemens & des piédeftaux.

Defgodets & Perrault ont fuivi une meilleure proportion pour leurs entablemens, mais ils ne font pas d'accord fur la hauteur de leurs piédeftaux & de leurs colonnes. Defgodets a fuivi généralement Vignole pour les proportions de fes colonnes, qui font de fept diametres à la colonne Tofcane, huit à la Dorique, neuf à l'Ionique, dix à la Corinthienne & à la Compofite : les piédeftaux font auffi femblables; mais pour les entablemens il les a mis en rapport avec leur pefanteur fur la groffeur de la colonne. Il n'y a que dans l'Ordre Tofcan qu'il l'a fait plus foible : celui-ci n'a qu'un diametre trois quarts, pendant qu'il a donné à tous les autres deux diametres; ainfi, felon Defgodets, l'entablement Tofcan & le Dorique ont le quart, l'Ionique a deux neuviemes, & le Corinthien & le Compofite ont le cinquieme.

Perrault a changé toutes les grandeurs des colonnes, quoiqu'il ait donné aux entablemens les mêmes proportions, relativement à la grosseur de ses colonnes, c'est-à-dire, généralement deux diametres en hauteur; mais ses colonnes sont d'une proportion suivie de deux tiers de diametre en deux tiers : ainsi il a donné à sa colonne Toscane sept diametres un tiers, à la Dorique huit diametres, à l'Ionique huit diametres deux tiers, à la Corinthienne neuf diametres un tiers, & à la Composite dix diametres. Il a fait aussi pour ses piédestaux une proportion suivie de tiers en tiers de diametre, ayant donné au piédestal Toscan deux diametres, au Dorique deux diametres un tiers, à l'Ionique deux diametres deux tiers, au Corinthien trois diametres, & au Composite trois diametres un tiers.

Il y a un autre auteur que l'on peut citer, qui est Scamozzi, lequel s'est servi de Palladio pour base de son ouvrage; mais au lieu de l'avoir perfectionné, il l'a altéré par la confusion qu'il a mise dans ses profils; toutefois il y a de bonnes choses dans son traité. Il a mis en pratique le chapiteau Ionique à quatre faces semblables, dont il s'attribue l'invention; mais comme il avoit déja été pratiqué avant lui au temple de la Concorde à Rome, il n'a que le mérite de l'avoir rectifié. Du reste les proportions de ses colonnes, entablemens & piédestaux n'ont rien qui puisse les faire préférer; il en sera parlé, ainsi que des auteurs dont nous avons fait mention ci-dessus pour leurs proportions générales, quand nous serons au détail des Ordres.

On voit par le détail dans lequel nous sommes entrés sur la variété des modernes dans les proportions principales des Ordres, qu'elle doit jetter dans l'architecture une confusion très-embarrassante pour ceux qui n'y sont pas consommés, & qu'elle laisse à ceux qui ne sont que praticiens, un champ ouvert aux méprises presque à chaque pas.

Il n'est pas hors de propos de dire ici quelque chose des causes de cette variété dangereuse de proportions dont nous nous plaignons, & du moyen principal d'éviter les mauvais choix; cela conduira plus sûrement à celui que nous avons dessein de faire dans l'article suivant. La diversité de proportions dans les Ordres d'architecture, a pris naissance dans les révolutions que l'architecture même a souffert, & dans le défaut d'une autorité suffisante pour fixer les modernes. Les Grecs, qui en étoient les inventeurs, ont été plusieurs siecles pour composer les Ordres différens qui portent leurs noms, & ils se seroient formés, par la suite des tems, un corps de regles fixes qui auroient servi de base à leurs descendans. Les Romains, en s'emparant de leur pays, ne leur ont pas permis de les poursuivre ; ils ont trouvé du beau & du grand dans leurs édifices ; ils les ont imités dans les masses prodigieuses qu'ils ont construites, mais ils ne les ont pas perfectionnés. Les Barbares qui ont subjugué les Romains, au lieu de succéder à leur goût & à celui des Grecs, l'ont éteint presque entierement, en y substituant un goût aussi barbare qu'eux, & en détruisant, tant qu'ils ont pu, les grands ouvrages de l'antiquité.

Si les modernes avoient trouvé avec les vestiges antiques un corps de préceptes qui pût les fixer, le goût de la bonne architecture se seroit promptement rétabli. Avant que de recouvrer Vitruve, les architectes modernes essayerent d'ajuster quelques parties informes dans le goût antique avec des ornemens gothiques, & ne firent encore rien que de bisarre. Vitruve retrouvé commença à faire ouvrir les yeux ; mais nous avons vu que cet auteur, le seul ancien dont les ouvrages sur l'architecture soient parvenus jusqu'à nous, avoit été altéré considérablement dans le nombre de copies qui ont été faites de son traité, & avoit ouvert la porte à une multitude d'interprétations différentes.

Comment donc faire un bon choix dans cette mer d'incertitudes ? C'est de retourner à l'origine de l'architecture. Tous ceux qui en ont écrit, ont adopté les conjectures de Vitruve, & ont dit que l'architecture avoit commencé par une cabane, construite avec des arbres à plomb qui en soutenoient le plancher & le toit, & que ces arbres avoient donné l'idée des colonnes qui en font aujourd'hui le plus bel ornement ; que d'autres arbres équarris

& posés en travers sur le bout des autres, formant les poutres pour porter le plancher, étoient les architraves ; que d'autres pieces posées sur l'autre sens & au-dessus de celles dont nous venons de parler, formoient les solives du plancher qui, dans l'Ordre Dorique, étoient désignées par les triglifes, lesquels représentent aussi des lyres qui étoient formées par de petites planches que l'on clouoit sur le bout des solives, pour les garantir de la trop grande sécheresse. La hauteur de ces solives, représentée par des triglifes, désigne la frise. Le toit étoit indiqué par les frontons des bouts qui faisoient les pignons du comble ; ce qui annonce clairement les pieces de bois qui, formant le toit, se projettoient en dehors à la corniche, c'est que leurs faces inférieures avoient la même inclinaison que le toit. Quoique tous les auteurs qui ont écrit sur l'architecture paroissent d'accord entre eux sur cette origine, ils n'en ont pas saisi l'esprit dans les regles qu'ils ont données. La plupart se sont contentés de suivre aveuglément ce que Vitruve en avoit dit dans ses écrits, sans oser examiner s'il s'étoit conformé à l'origine ou non. Les anciens Romains s'en sont quelquefois écartés eux-mêmes dans les édifices qu'ils nous ont laissés.

ARTICLE III.

De la proportion des colonnes, entablemens & piédestaux en général.

LES proportions des colonnes de Vignole & de Desgodets étant les plus généralement reçues, ce sont celles que nous avons adoptées, ainsi que la proportion des entablemens du dernier de ces auteurs, & de Perrault. On a fait les cinq Ordres de colonnes sur le même dessein & sur la même échelle, pour faire connoître plus sensiblement le rapport qu'ils ont les uns avec les autres : on a fait aussi sur ce dessein une division de hauteur par diametres, qui fait voir que la colonne Toscane en a sept, la Dorique huit, l'Ionique neuf, la Corinthienne & la Composite dix ; que les entablemens ont chacun deux diametres, ce qui fait que les entablemens font à la hauteur des colonnes dans le rapport fuivant ; favoir, dans l'Ordre Tofcan l'entablement en a les deux feptiemes, dans le Dorique il en a le quart, dans l'Ionique les deux neuviemes, dans le Corinthien & le Compofite il en a le cinquieme. De cette maniere tous les entablemens font relatifs & ont le même degré de pefanteur par rapport à la groffeur des colonnes : & quoique les colonnes foient plus foibles à mefure qu'elles deviennent plus légeres de proportion, & qu'il femble que les entablemens devroient fuivre cette proportion, cependant comme ils deviennent plus compofés de moulures, cela fait que quoiqu'ils foient de même pefanteur, ils paroiffent néceffairement plus légers : c'eft ce qu'il étoit néceffaire de faire paroitre aux yeux.

Le fecond deffein repréfente la proportion des piédeftaux, qui font du tiers de chaque colonne, quoique l'on n'ait point intention de les mettre deffous ; mais comme il y a des cas, dont on fera mention, où l'on eft abfolument obligé de s'en fervir, foit en totalité ou en partie, on les a fait cadrer avec les Ordres. Quoique ces piédeftaux foient de différentes grandeurs, relativement à leur hauteur, nous les avons reftreints dans la même grandeur pour faire mieux connoître leurs proportions générales ; à cet effet ils font deffinés fur différentes échelles, leur hauteur étant divifée en huit parties, deux font pour la bafe, cinq pour le dez, & une pour la corniche. On a fait un troifieme deffein au trait plus en grand, afin de cotter facilement les détails des moulures. Le diametre du bas des colonnes fert de module, il eft divifé en trente parties pour tous les Ordres. La raifon qui a fait prendre cette divifion plutôt que toute autre, c'eft qu'elle a plus de rapport à la divifion de Vignole, qui eft de douze parties par module ou demi-diametre, ce qui fait vingt-quatre pour le diametre, dans les deux premiers Ordres, & de dix-huit qui fait trente-fix pour le diametre dans les trois autres. Comme la diviſion ſimple de ſon module eſt ce qui l'a fait préférer, c'eſt auſſi ce qui a engagé à diviſer le diametre en trente parties plutôt qu'en ſoixante, vû qu'elle eſt la moyenne proportionnelle entre vingt-quatre & trente-ſix de Vignole.

ARTICLE IV.

Des raiſons qui ont engagé à ſéparer les piédeſtaux des colonnes.

LES auteurs qui ont écrit ſur l'architecture ſe ſont accordés pour mettre les piédeſtaux ſur le même deſſein que les colonnes; mais notre intention étant de diſſuader les architectes de les mettre deſſous les colonnes, parce qu'ils ne ſervent qu'à détruire l'ordonnance, bien loin d'en accroître la perfection, comme nous ne les propoſons que pour les employer ſous des ſtatues, c'eſt ce qui a engagé à les donner ſéparément. Comme il eſt néceſſaire de ne rien avancer ſans preuve, il faut, avant que de paſſer outre, expliquer comment les piédeſtaux détruiſent l'ordonnance de l'architecture.

Si nous fouillons dans l'origine de l'architecture, nous verrons que le fût des colonnes a d'abord été poſé à terre : ce n'a été qu'après un tems aſſez éloigné de cette origine qu'on éleva ce fût ſur des baſes, leſquelles ſervent à faire diſtinguer plus ſenſiblement ſa proportion : il y a même plus, c'eſt que le premier des Ordres Grecs n'a eu de baſe que celles que les modernes lui ont donné, du moins il n'en reſte pas d'exemple, ſoit dans les antiquités de la Grece, ſoit dans celles des Romains. L'invention de la baſe deſigne une ou pluſieurs cordes qui tiennent le bas de l'arbre ſerré pour empêcher qu'il ne ſe fende, & le dez ou plinthe de la même baſe repréſente une pierre platte poſée deſſous pour préſerver le bout de l'arbre de l'humidité de la terre, qui lui ſeroit préjudiciable.

Le plus grand nombre des temples Grecs & Romains a été conſtruit d'un ſeul Ordre, dont les baſes des colonnes, aux

Ordres où l'on en adoptoit, portoient à crû fur la derniere marche du temple : ce n'a été que par la fuite que l'on y a mis des piédeftaux.

Il eft évident que plus les Ordres ont de grandeur, plus ils ont de majefté. Le Louvre feul fuffira pour faire voir la vérité de ce qu'on avance en comparant les Ordres de l'intérieur avec celui du périftile. Perfonne ne peut difconvenir que l'architecture de la cour du Louvre ne foit d'un très-bon goût & d'une parfaite exécution; mais elle eft petite, & par ce moyen elle en impofe beaucoup moins que celle du périftile, laquelle, quoique traitée richement, ne l'eft pas tant que celle de l'intérieur. Il eft donc fenfible que fi les Ordres du dedans de la cour euffent été fans piédeftaux, ils auroient été d'une architecture plus grande, & par ce moyen plus féduifante & en même tems plus conforme à l'idée de fon origine. En effet, de quelle utilité font les piédeftaux fous les colonnes ? A rien, fi ce n'eft à faire de petite architecture. Il femble qu'ils ont été imaginés pour fervir à élever des colonnes déja faites, qui n'avoient pas affez de hauteur pour pouvoir former l'édifice où l'on fe propofoit de les employer ; mais il n'eft pas raifonnable de donner pour regle une chofe qui n'a été employée primitivement que par néceffité, & qui n'eft parvenue jufqu'à nous que parce que les premiers architectes, qui ont cherché les principes de l'architecture grecque dans les ruines qui leur reftoient, l'ont adopté comme regle.

CHAPITRE TROISIEME.

De l'Ordre Dorique.

L'ORDRE Dorique, le premier des Ordres Grecs, doit fon invention & fon nom à Dorus, roi d'Achaïe, qui le premier bâtit dans Argos un temple de cet Ordre, & le dédia à Junon : les Grecs enfuite bâtirent pl fieurs temples où ils employerent le

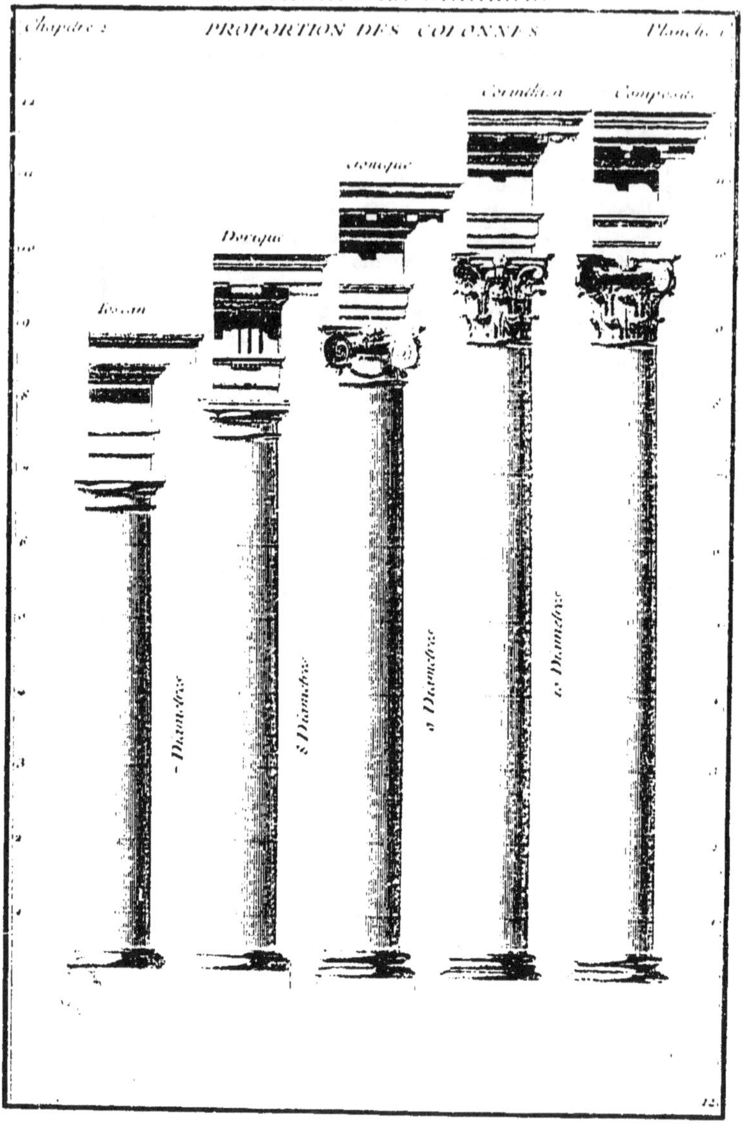

Toscan

Dorique

Ionique

Corinthien

Composite

7 Diametres

8 Diametres

9 Diametres

10 Diametres

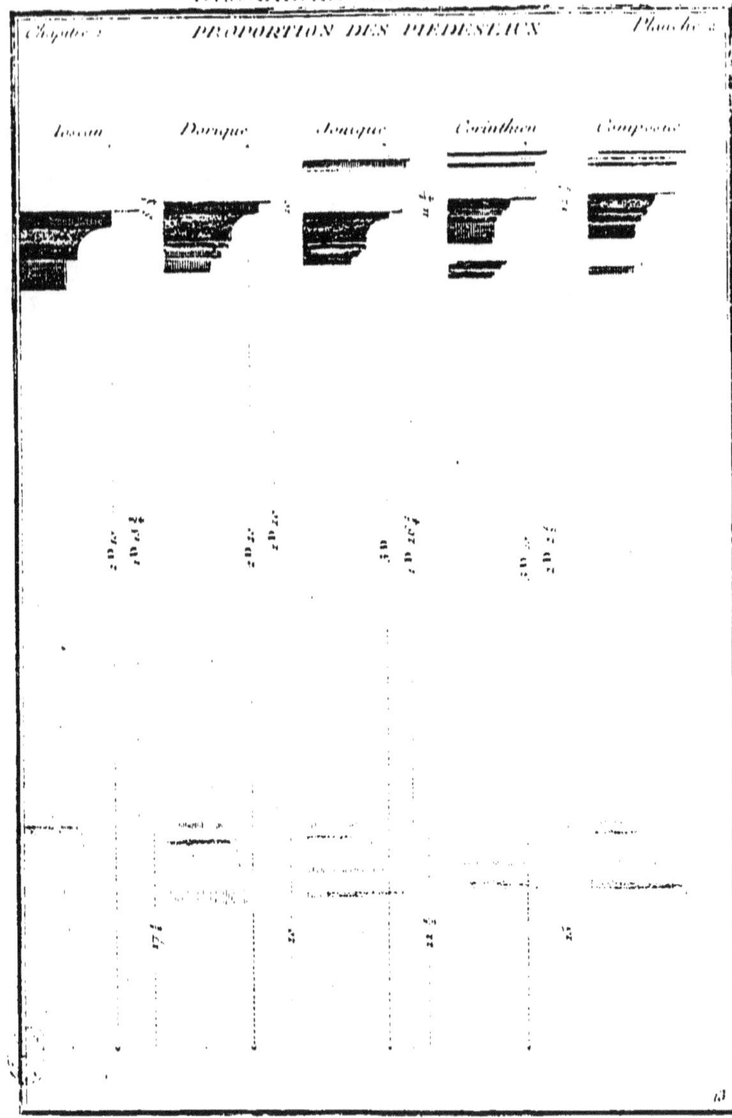

Chapitre
PROPORTION DES PIEDESTAUX
Planche
Toscan
Dorique
Ionique
Corinthien
Composite

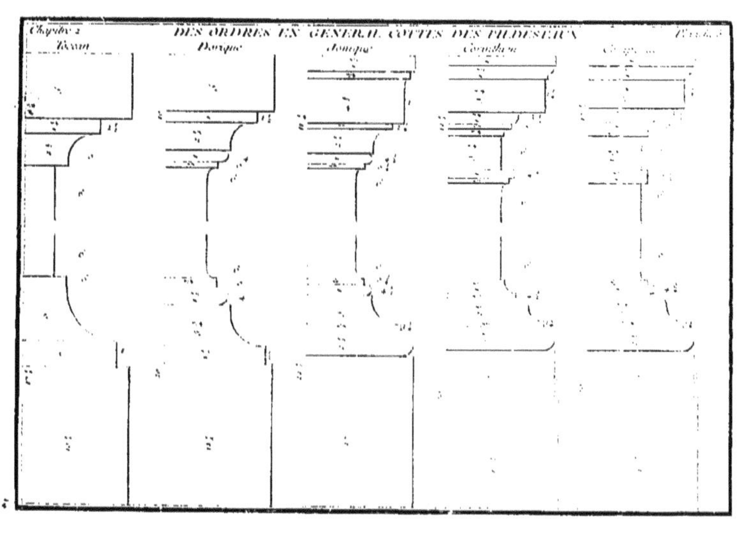

Chapitre 2
DES ORDRES EN GÉNÉRAL. COTTES DES PIÉDESTAUX
Planche
Toscan
Dorique
Ionique
Corinthien
Composite

même Ordre. Ce qui rend le Dorique recommandable , c'est qu'il a donné la premiere idée d'une architecture réguliere ; toutes ses parties sont fondées sur un principe qui annonce sa construction en formant un aspect agréable à l'œil.

Quoique cet Ordre conserve plus que les autres l'idée de la construction primitive , c'est malgré cela celui où les auteurs qui en ont écrit sont le plus sortis de la vraisemblance , & où ils sont tombés dans les mêmes erreurs ; les idées de l'origine de l'architecture nous ayant fait voir que l'architrave étoit la poutre ou le poitrail , & que la frise en étoit le plancher, ce qui étoit désigné dans cet Ordre plus particulierement par les triglifes qui marquent le bout des solives du même plancher. Pourquoi donc tous les auteurs se sont-ils accordés pour donner à leur architrave un tiers de moins en hauteur qu'à la frise ? Est-il raisonnable de croire qu'une poutre, qui doit porter des solives , soit plus foible que les solives qu'elle porte? Une pareille construction blesseroit les yeux & choqueroit le bon sens. Notre intention étant de remédier à cette erreur, nous avons pris le parti de donner à l'architrave la même hauteur qu'à la frise : on m'objectera que cela ne remédie qu'imparfaitement à cette construction peu vraisemblable , à cela je réponds qu'il faut faire attention que par le triglife on voit que la solive a moitié plus de hauteur que de largeur, & que l'architrave au contraire a beaucoup plus d'épaisseur que de hauteur: ainsi la piece du poitrail a au moins le double de la solive, & par cette raison elle a la force de porter les solives.

Des architectes modernes ont porté le défaut de cette frise plus loin en regardant l'idée de son origine comme une fable , & en cherchant à donner plus de hauteur à la frise que Vignole, pour favoriser une invention moderne qui est de grouper les colonnes de cet Ordre sans altérer , disoient-ils , les métopes de la frise qui doivent être toujours quarrés : cette méthode a été blamée généralement des gens de goût , tant à cause de la difformité de l'entablement , que par la défectuosité du peu d'intervalle qui se trouve entre les colonnes.

Quoiqu'il femble difficile à croire que quantité d'auteurs qui ont travaillé fur cet Ordre, fe foient trompés, cela n'eft pas moins évident, & beaucoup plus encore depuis que nous avons les deffeins des antiquités de la Grece, levées par M. Le Roy. Comme ce font les différens reftes des monumens de l'origine de cet Ordre, on doit être affuré que nous ne nous fommes pas trompés dans l'adoption de nos proportions fur cet Ordre, puifqu'elles font effectivement femblables à celles de ces antiques précieux.

On a fait graver neuf planches pour expliquer l'Ordre Dorique; fur la premiere on voit fes proportions générales avec l'entre-colonnement; la feconde contient le portique; la troifieme le piédeftal, la bafe de la colonne, l'impofte & l'archivolte avec le plan de la bafe, & la maniere de tracer les cannelures; la quatrieme offre les détails de l'entablement avec denticules; la cinquieme ceux de l'entablement avec mutules; la fixieme donne les détails de ces deux entablemens au trait, pour y placer les cottes qui n'ont pas pu être mifes fur les deux précédentes; la feptieme planche donne les plafonds de ces deux entablemens; la huitieme offre deux effais de bafe pour cet Ordre, avec le fophite de l'architrave & le plan des cannelures remplies jufqu'au tiers, dans le cas où l'on voudra les canneler jufqu'en-bas; fur la neuvieme planche font deux exemples d'entablemens antiques, & un moderne mis en parallele avec celui que l'on propofe.

ARTICLE PREMIER.

Des proportions générales du Dorique & de l'entrecolonnement.

VITRUVE donne cinq manieres générales d'efpacer les colonnes qu'il appelle comme les Grecs, picnoftyle, fixtyle, euftyle, diaftyle & areoftyle. Les colonnes font diftantes l'une de l'autre dans le picnoftyle d'un diametre & demi, dans le fixtyle de deux diametres, dans l'euftyle de deux diametres un quart, dans le diastyle de trois diametres , & dans l'areostyle de quatre diametres. Trois de ces espacemens peuvent s'employer dans l'Ordre Dorique que nous proposons , savoir le sixtyle , le diastyle & l'areostyle ; & c'est un avantage qui résulte de la division de son entablement que nous avons faite , & qu'on ne rencontre pas dans les autres systêmes d'Ordre Dorique.

Quoique l'on ne regarde pas cette facilité d'espacer les colonnes Doriques , suivant trois des manieres indiquées par Vitruve , comme le premier avantage de ce changement , il peut toutefois être compté pour quelque chose ; & s'il est vrai que du tems des Romains ces cinq espaces de colonnes aient été regardés comme les plus parfaits , il est très-avantageux de pouvoir en employer trois dans le plus difficile de tous les Ordres.

La proportion des nos entrecolonnemens est établie sur celui qui tient le milieu entre ces trois espacemens qui est le diastyle ; c'est celui qui a le plus de rapport aux proportions du Dorique.

Les colonnes de cet Ordre ont huit diametres de hauteur , l'entablement en a deux qu'il faut diviser en dix ; trois sont pour l'architrave , trois pour la frise , & quatre pour la corniche : deux des trois parties de la hauteur de la frise seront pour la largeur des triglifes , & le métope , qui doit être quarré , en aura trois en largeur comme en hauteur , ce qui fera du milieu d'un triglife à l'autre cinq de ces parties, qui sont ensemble un diametre. La base & le chapiteau auront chacun un demi-diametre de hauteur. Leurs détails , ainsi que ceux de l'entablement , seront sur les planches suivantes.

ARTICLE II.

Du Portique Dorique.

Un auteur moderne qui a donné un essai sur l'architecture, proscrit l'usage des arcades, comme étant hors de la vraisemblance de la cabane rustique, d'autant plus que la construction d'arbres ne peut pas former le ceintre de l'arcade : il a raison dans son principe ; mais en suivant cet auteur dans l'idée qu'il s'est formée de la cabane, on trouvera que la construction des murs y a été introduite. En effet, il dit qu'il faut considérer l'homme dans sa première origine sans autre secours & sans autre guide que l'instinct naturel de ses besoins, il lui fait chercher divers moyens pour se mettre à l'abri des intempéries de l'air ; & après l'avoir fait passer du pré dans un bois & du bois dans une caverne formée par des roches, il lui fait construire sa cabane qui le met à couvert de la pluie & du soleil, mais non pas des vents & du froid ; s'il l'eût suivi plus long-tems, il auroit vu la nécessité de la clorre, & de-là l'invention des murs, dans lesquels, pour entrer & pour introduire le jour, il faudra faire des ouvertures qui seront des portes & des fenêtres ou quarrées ou en arcades. Ce remplissage qui, dans son origine, n'étoit que de branches d'arbres entrelacées & enduites de boue, s'est fait par la suite avec de la pierre & du marbre, & c'est ce que nous appellons architecture de pierre, qui s'assortit avec la construction primitive à jour dans tous les sens, comme sa cabane qui étoit en bois.

Il s'ensuit donc que l'invention des murs est aussi ancienne que celle de la cabanne dont cet auteur a, par ses conjectures, renouvellé l'idée, puisque sans ces murs l'homme n'auroit pas été à l'abri dans sa cabane de toutes les intempéries de l'air ; & comme le froid & le chaud sont aussi incommodes que l'ardeur du soleil & l'humidité de la pluie, il lui a été aussi nécessaire de se garantir des uns par le moyen des murs, que des autres par celui des toits. D'ailleurs, les murs l'ont mis à l'abri des bêtes fauves qui l'auroient incommodé.

S'il est aussi nécessaire de faire des murs en architecture que des colonnes, il n'est pas hors de propos de donner les proportions des ouvertures que l'on fera dans ces murs pour l'utilité de l'habitation. Nous verrons par la suite ce qui concerne les portes & les fenêtres. Il ne sera question ici que de la proportion du

portique

portique de l'Ordre Dorique que l'on trouvera fur cette deuxième planche.

Pour former ce portique, on donnera du milieu d'une colonne à l'autre fix diametres ; les piliers en auront deux & l'arcade quatre, laquelle arcade aura en hauteur le double de fa largeur ou huit diametres : le deffus de l'impofte fera élevé du bas de l'arcade de fix diametres, ainfi que le centre de l'archivolte. L'impofte & l'archivolte auront chacun un demi-diametre. Les colonnes, qui auront huit diametres, feront élevées fur un focle de trois quarts de diametre, ce qui donnera les mêmes trois quarts de diametre de l'intrados de l'arcade jufques fous l'archi-trave. L'entablement eft de deux diametres, ainfi qu'il a été expliqué à l'article précédent.

Les proportions de l'impofte & de l'archivolte feront détaillées à l'article fuivant.

Comme toutes les ouvertures que l'on fait dans des murs ne font pas feulement des arcades, on voit fur ce deffein des parties de portes quarrées qui ne montent que jufqu'au deffous de l'impofte, dont on peut faire ufage quand le cas le requiert.

ARTICLE III.

Du piédeftal, de la bafe, de l'impofte, & de l'archivolte Dorique.

QUOIQUE l'on ait dit dans le chapitre précédent que l'on n'admet pas les piédeftaux comme une partie effentielle des Ordres, cependant il eft néceffaire d'en faire mention ici pour les cas où il eft indifpenfable de les employer par des circonf-tances locales, afin de faire connoître que ce n'eft que par néceffité accidentelle qu'on les tolere : on les donne fans corniche ; la raifon de cette fuppreffion, c'eft que n'eftimant pas que l'on doive en faire ufage fi ce n'eft dans le cas que nous citerons, il n'y faut point de corniche.

Les occasions où l'on peut employer des piédestaux, sont lorsqu'on a sur une seule face de bâtiment diverses hauteurs de terrasses, & que l'Ordre se trouve à crû sur la plus haute, ou seulement élevé sur un petit socle, tandis que sur la plus basse terrasse il se trouve en contrebas des bases de l'Ordre une hauteur de piédestal : alors non-seulement l'on peut, mais l'on doit y en placer un en supprimant la corniche, comme nous le donnons sur cette troisieme planche, afin que le socle se raccorde plus facilement avec le piédestal. Dans ce cas c'est la sujétion de la place qui en détermine la hauteur, parce qu'il ne sert que de soubassement à l'Ordre, & qu'il ne prend point caractere de piédestal.

Pour en donner un exemple sensible, si au palais des Tuilleries, au lieu de descendre dans le vestibule, on eût porté le niveau intérieur jusqu'au dehors sur le jardin, il seroit arrivé que le piédestal auroit été tout-à-fait supprimé dans le milieu, & que le peron du dehors auroit mieux annoncé l'entrée de ce palais que l'ouverture de la porte, laquelle étant moins haute, auroit eu moins de largeur ; par ce moyen les colonnes auroient été plus serrées, & les Ordres supérieurs en auroient été mieux proportionnés, d'autant plus que le premier Ordre ne se seroit plus mesuré que du dessus de ce perron, & le tout en seroit plus d'accord.

Lorsque l'on emploie plusieurs Ordres, pour les mettre d'accord ensemble, il seroit nécessaire, en plaçant des piédestaux sous le premier, d'en mettre aussi sous les Ordres élevés ; ce qu'il faut éviter. C'est pour cette raison qu'on ne les tolere que dans le cas ci-devant expliqué.

On fixe le piédestal aux sept huitiemes du tiers de la hauteur de la colonne, ce qui fait deux diametres un tiers ; la base aura deux tiers de diametre, & le dez un diametre deux tiers ; la base de ce piédestal sera la même que celle qui est détaillée au chapitre précédent.

Quoique nous déterminions la hauteur du dez de ces piédestaux, ce fera l'emploi qui affujettira la mefure de fa hauteur, comme il vient d'être expliqué.

La bafe de la colonne a en hauteur un demi-diametre, toutes les fubdivifions des moulures font cottées fur ce deffein. La faillie de cette bafe fera du cinquieme du diametre de la colonne, & les cottes qui font placées au-devant des moulures partent de l'axe de la même colonne, ainfi que celles du piédeftal.

L'impofte & l'archivolte, qui ont également un demi-diametre de hauteur, font cottés pour toutes les moulures, tant en hauteur qu'en faillie.

L'archivolte a moins de faillie que l'impofte de la valeur de ce que fa premiere face couronne fur l'alette de l'arcade, à laquelle répond la premiere face de l'archivolte.

Sur ce même deffein eft le plan des cannelures de la colonne de cet Ordre, qui font à vive arête, & formées par un triangle équilatéral, dont le fommet eft le centre de la cannelure : elles ont cela de particulier dans cet Ordre, qu'elles ne commencent qu'au tiers de la colonne, c'eft-à-dire que le tiers du bas de cette colonne eft fans cannelures, & qu'il n'y a que les deux tiers fupérieurs qui en aient.

Il n'y a en outre que vingt cannelures au pourtour des colonnes de cet Ordre. Vignole donne deux manieres de les tracer : l'une eft telle qu'elle vient d'être expliquée, & l'autre eft d'élever fur le milieu de la cannelure une perpendiculaire, & de placer le point de centre de la cannelure fur cette ligne de la moitié de fa largeur depuis le contour de la colonne, ce qui la rend plus creufe & fait les côtes plus à vive arête qu'à la méthode dont on fe fert ; on verra la différence de ces deux opérations par les deux figures marquées A & B fur ce deffein.

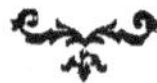

ARTICLE IV.

De l'entablement Dorique avec denticules.

VIGNOLE & Defgodets donnent deux entablemens de cet
Ordre, qui ne font différens l'un de l'autre que par la partie des
denticules qui eft changée en mutules, & par l'architrave qui
a deux faces dans celui avec mutules, & qui n'en a qu'une dans
celui avec denticules ; mais Vignole l'a encore différencié par la
cimaife de la corniche, qui eft un cavet dans celle avec denticules,
& une doucine dans l'autre.

Pour les nôtres, il n'y a de différence de l'un à l'autre que dans
la partie des denticules qui eft changée en mutules; ce qui nous
a fait prendre ce parti, ç'a été pour foutenir le caractere &
l'égalité de ces deux entablemens, qui ont toutefois leur deftina-
tion particuliere. Comme celui avec denticules marque plus de
légéreté que celui avec mutules, il fera deftiné à être employé
dans le dedans, & l'autre dans les dehors. La principale raifon
qui a fait prendre le parti de donner les mêmes ornemens à celui
avec denticules qu'à l'autre, c'eft que Vignole & Defgodets ont
rendu celui qui eft deftiné au-dedans plus fimple que l'autre, &
que cela eft contre la raifon. Jules-Hardouin Manfart, qui a bâti
la paroiffe de Notre-Dame à Verfailles, où il a employé cet Ordre
au-dedans & au-dehors, a fait celui du dedans avec denticules,
& l'autre avec mutules, & a donné à fon architrave feulement
deux faces au-dehors, & au-dedans deux faces avec un talon
qui les fépare. Il a penfé avec raifon que fi l'un des deux
entablemens demandoit plus de richeffe , c'étoit celui que l'on
deftinoit au-dedans ; ce qui eft le contrepied de nos deux auteurs.
C'eft pour tenir le milieu entre eux & cet exemple, qu'on les a fait
femblables.

C'eft fur cet Ordre que les auteurs font le plus d'accord, fi l'on en excepte la distribution des parties de la corniche; car Vignole, Desgodets, Perrault, Palladio & Scamozzi ont donné à leur entablement le quart de la hauteur de la colonne. Il est vrai que Palladio a fait sa colonne d'un demi-diametre plus courte, & que Scamozzi l'a fait d'un demi-diametre plus longue que les huit diametres que nous donnons à la hauteur de la nôtre, ainsi que Vignole, Desgodets & Perrault. Tout le changement qui a été fait, est dans la distribution des parties de l'entablement, pour rapprocher les choses de leur premier principe. Les exemples antiques qui nous restent de cet Ordre, sont le Dorique du théâtre de Marcellus, que nous citerons ci-après, où la frise a moins de hauteur que celle que nos auteurs modernes lui ont donnée, & celui du temple de Thésée à Athenes qui est la premiere origine, & où la frise est de même hauteur que l'architrave, à peu de chose près, ainsi qu'on le verra sur la neuvieme planche de ce chapitre. On a ajouté aux deux que nous venons de citer, un exemple moderne pour prouver que ce que l'on avance n'est pas une simple idée d'invention, & que cela a été essayé par d'autres avant nous; & quoique dans ce dernier il ne se trouve pas une parfaite égalité entre la frise & l'architrave, on voit cependant que l'on a cherché à les rapprocher des proportions qu'elles devroient avoir.

La hauteur de l'entablement est du quart de celle de la colonne, c'est-à-dire de deux diametres. Cette hauteur se divise, comme il a déja été dit, en dix parties; l'architrave en a trois, la frise trois, & la corniche quatre. La saillie de la corniche sera égale à sa hauteur, le milieu d'un des triglifes doit répondre à l'axe de la colonne : ils auront chacun en largeur deux de ces divisions, ou le cinquieme de la hauteur totale de l'entablement : le métope sera quarré, c'est-à-dire qu'il aura en largeur trois de ces divisions, ce qui fera du milieu d'un triglife au milieu de l'autre cinq de ces divisions, ou un diametre. Il y aura huit denticules du milieu d'un triglife au milieu de l'autre. Toutes les subdivisions des moulures, ainsi que leur saillie, sont cottées des parties du diametre, à la réferve que les cottes des faillies vont jufqu'au milieu de la colonne ou du triglife.

Le chapiteau, qui eft, comme il a déja été dit, d'un demi-diametre de hauteur, a en faillie le tiers de fa hauteur: toutes les dimentions en font cottées, ainfi qu'on a fait pour l'entablement. Il y a bien de la différence de celui-ci avec ceux de prefque tous les auteurs; toutefois il feroit très-riche & pourroit être placé dans l'intérieur comme dans l'extérieur des édifices.

Avant que de finir cet article, il eft bon d'avertir qu'il y a bien des parties qui n'ont pas pu être cottées fur cette planche; pour y remédier, on en a fait un autre au trait, qui contient toutes ces parties & celles de la planche fuivante, laquelle fera expliquée au fixieme article de ce chapitre.

ARTICLE V.

De l'entablement Dorique avec mutules.

CET entablement ne differe du précédent que par les mutules qui font à la place des denticules: ces mutules font quarrés, c'eft-à-dire qu'ils faillent de toute leur largeur, qui eft la même que celle des triglifes. Tout le refte de cet entablement eft parfaitement femblable au précédent.

Le chapiteau differe du précédent par le couronnement du tailloir qui a un talon avec fon filet, ce qui lui donne auffi plus de faillie, ayant les deux cinquiemes de fa hauteur, ou un cinquieme de diametre.

ARTICLE VI.

Des parties en grand & au trait de ces deux entablemens , pour y placer les cotes qui n'ont pu être mises sur les planches précédentes.

L'effet des ombres des deux planches précédentes n'ayant pas permis de pouvoir cotter bien des parties de détails qui font cependant bien intéressantes, nous y avons remédié en donnant ces traits, qui non-seulement serviront pour les deux planches précédentes, mais encore pour celle qui suit, qui représente les plafonds de ces entablemens , sur lesquels il seroit resté bien des choses indécises.

Indépendamment de ces cottes, nous y offrons le plan & les opérations pour tracer avec exactitude les goutes de l'architrave sous les triglifes.

Pour placer ces goutes ou clochettes, il faut abaisser les douze divisions du triglife, & les angles saillants des gravures sont le milieu des clochettes ; le milieu tant des gravures que des intervalles fera la séparation des goutes , & ceux des extrémités seront déterminés par la largeur entiere du triglife. Pour les tracer, il faudra tirer une ligne à moitié de la hauteur du cavet ; le point où elle coupera le milieu de ces goutes servira pour les tracer, afin de pouvoir achever le triangle par le haut : la figure A démontre cette opération ; toutes les autres parties sont suffisamment expliquées par les cottes.

ARTICLE VII.

Des plans des corniches de ces deux entablemens Doriques.

On a fait un dessein pour les plafonds des corniches , pour pouvoir en faire connoître les ornemens ; peut-être auroit-on detiré qu'ils fussent joints chacun en particulier à leur entablement, mais ils auroient été réduits à si peu de chose, que l'on a mieux aimé les donner séparément, afin de ne rien omettre dans leur détail. Leur distribution n'a pas besoin d'explication, il est visible que c'est la distribution de la corniche qui designe la place de chaque chose. A l'égard de la largeur des champs & des moulures dont on n'a pu rendre compte dans les élévations, elle est cotée sur la planche précédente : ainsi l'on croit que ces parties sont suffisamment expliquées.

Mais pour ne rien laisser en doute, on a donné des coupes séparées pour détailler les moulures de ces plafonds qui ne peuvent pas se voir dans les entablemens.

ARTICLE VIII.

De deux essais de bases pour l'Ordre Dorique, avec le plan des mêmes bases où l'on a mis des cannelures remplies, & le sophite de l'architrave.

La première de ces bases est composée d'un plinthe, d'un tore, d'un cavet avec son filet, & d'une astragale dont le filet sert de ceinture au bas du fût de la colonne. Elle a en hauteur un demi-diametre : sa saillie sera, comme celle des autres, d'un cinquieme de diametre de chaque côté.

La seconde est composée d'un plinthe, d'un tore, d'un cavet formant une demi-scotie, d'une bande en saillie sur le cavet, & d'un listel au-dessus pris aux dépens du fût de la colonne; sa hauteur est d'un demi-diametre sans le listel qui dépend de la colonne; la saillie de cette base est du cinquieme du diametre, ainsi qu'il vient d'être dit pour la précédente.

Ces bases n'ont pas encore été données par personne, elles sont purement d'invention : ce qui a engagé à les composer, c'est que l'on trouve celle que donne Vignole trop simple, étant, à la baguette près, la même qui est employée à l'Ordre Toscan.

Palladio, Scamozzi & d'autres auteurs lui ont donné la base attique, qui convient mieux à l'Ordre Ionique que la base attique de cet Ordre que Vignole a suivie. On a tâché d'en trouver une pour cet Ordre qui tint un juste milieu entre la Toscane & l'Attique, que l'on destine particulierement à l'Ordre Ionique.

Le plan de ces bases est représenté sur cette même planche avec les cannelures du bas de la colonne qui sont remplies jusqu'au tiers, dans le cas où l'on voudroit donner plus de richesse à cet Ordre : on a joint à côté les opérations pour former ces cannelures qui sont au nombre de vingt, comme nous l'avons dit plus haut. Pour tracer ces cannelures, il faudra, comme ci-devant, former un triangle équilatéral A B C sur la largeur de la cannelure A B, dont le sommet C sera le centre ; & pour tracer le remplissage, l'on prendra la distance du contour de la colonne D au centre C qui a servi à la tracer, & on le portera en dedans de la colonne en E sur la ligne du milieu : ce point sera le centre du remplissage qui doit être au nud du pourtour de la colonne.

Sur ce dessein sont aussi le plan & la coupe du sophite de l'architrave de l'Ordre Dorique, qui est en guillochis ou bâtons rompus ; ce sont les ornemens les plus relatifs à cet Ordre.

On a jugé à propos de donner des desseins de ces sophites pour tous les Ordres, à l'exception de l'Ordre Toscan seulement, qui n'en est pas susceptible, quoique ceux qui ont écrit sur les Ordres n'en aient point parlé ; mais comme il est nécessaire de ne rien laisser à desirer dans un ouvrage, & que d'ailleurs chaque Ordre en particulier a des ornemens qui lui sont relatifs, c'est ce qui a engagé à les y placer : on est persuadé que cette addition est utile pour faire connoître la propriété des ornemens de chaque Ordre en particulier.

On les a fait tous sur le sixtyle, qui est l'espacement de deux diametres d'intervalle, parce qu'ils s'accroissent facilement de longueur sans en changer la distribution, & que c'est aussi l'espacement le plus serré où l'on puisse les placer.

F

ARTICLE IX.

*Parallele d'entablemens Doriques , l'un grec , l'autre romain ,
le troifieme moderne , & le quatrieme propofé par l'auteur.*

L'EXEMPLE antique grec que nous donnons ici eft tiré du
temple de Théfée à Athenes, dont l'architrave eft plus haute
que la frife. L'antique romain eft tiré du théatre de Marcellus, qui
de toutes les antiquités eft celui dont tous les auteurs modernes
fe font fervis pour établir leurs principes. Mais quelle raifon ont-ils
eu pour augmenter la frife plutôt que de la diminuer ? car ils ont
fait la frife d'un quart de diametre plus haute que l'architrave,
qui n'a qu'un fixieme de plus au théatre de Marcellus.

L'exemple moderne eft exécuté à Châlons-fur-Sône fur les
deffeins de M. Soufflot, qui fans doute a bien fenti le faux du
principe de nos auteurs modernes, puifqu'il a donné à fon architrave deux parties & demie de plus que la proportion ordinaire
qu'il a diminué fur la frife ; de façon que fon architrave eft de
deux parties & demie plus forte que celle de l'exemple romain,
& fa frife eft de même hauteur ; enforte que quoique cette
tentative n'ait pas mis la chofe au point où nous la propofons,
elle en approche fi fort, que pour la rendre conforme, il ne
s'agiroit que d'augmenter l'architrave d'une demi-partie, & de
diminuer la frife de deux.

Le quatrieme exemple eft celui que nous propofons pour
mettre en parallele avec ces trois entablemens, ce qui fera
connoitre efficacement que tous nos auteurs modernes, en fe
copiant aveuglément, ont fuivi une proportion vicieufe. Le feul
exemple antique qu'ils puiffent reclamer, mais fur lequel ils ont
beaucoup enchéri, avoit déja été altéré par les Romains, & ils
s'en font encore écartés pour faciliter leur diftribution qu'ils ont
puifée dans le texte de Vitruve, dans lequel il peut s'être gliffé

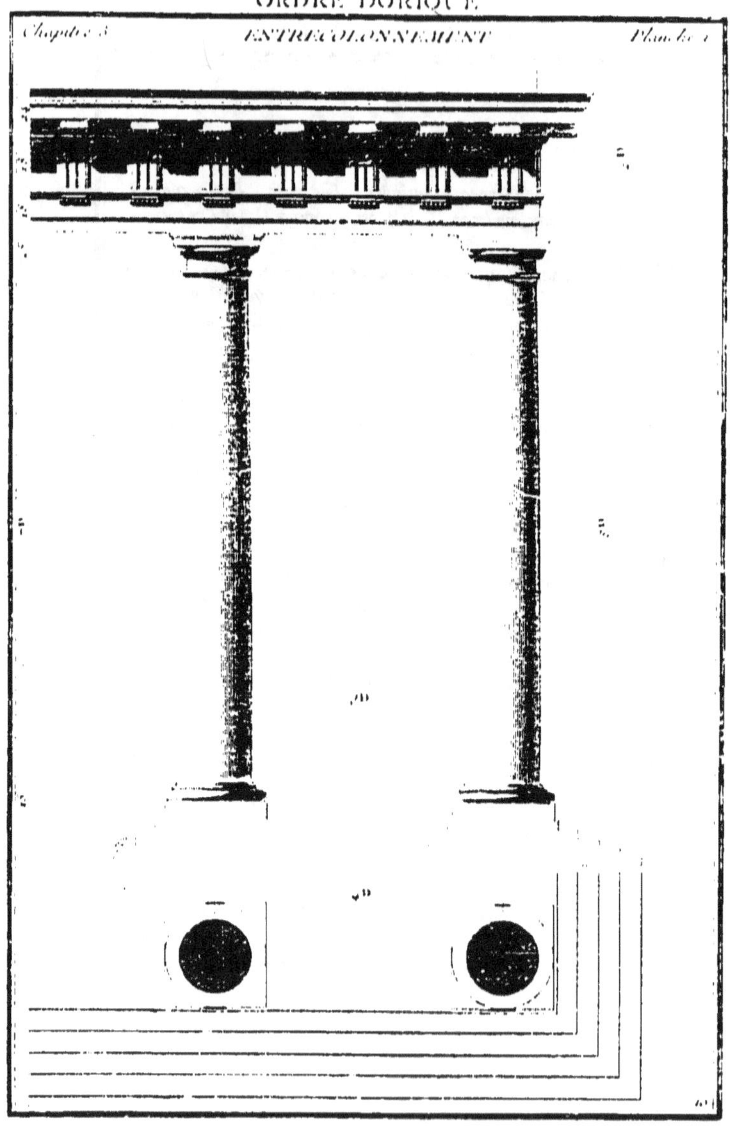
ORDRE DORIQUE
Chapitre 3
ENTRECOLONNEMENT
Planche 1

ORDRE DORIQUE
PORTIQUE

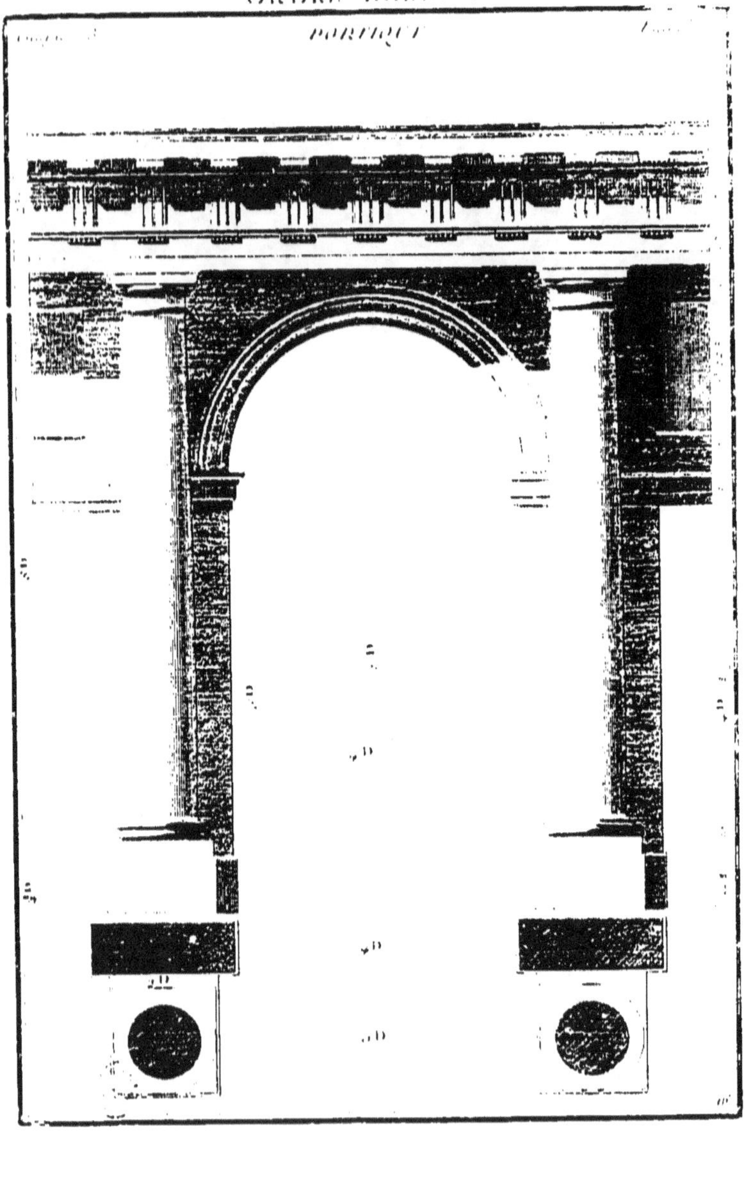

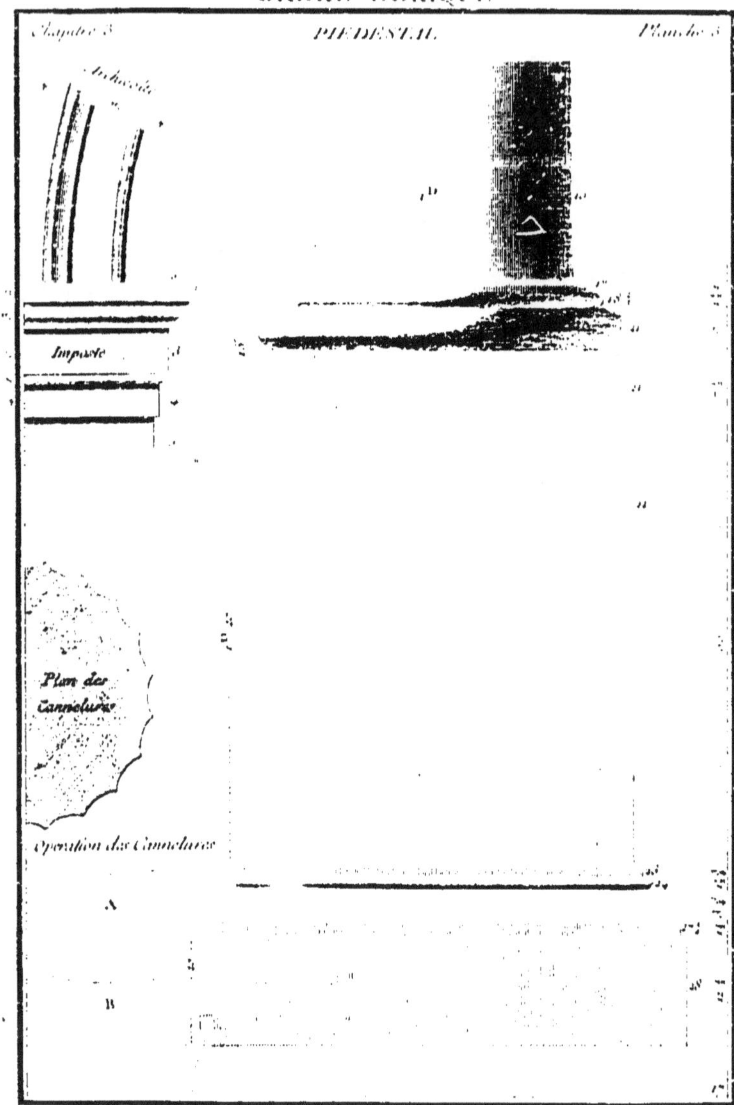
Chapitre 3
PIÉDESTAL.
Planche 3
Imposte
Plan des
Cannelures
Opération des Cannelures
A
B

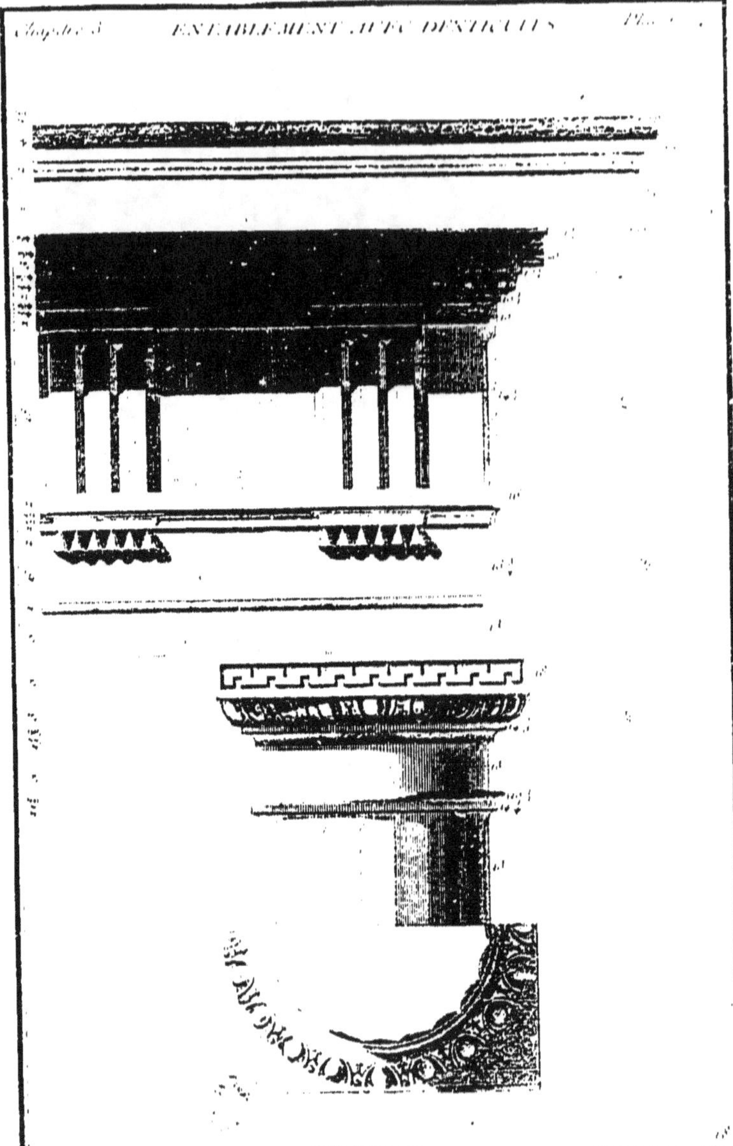

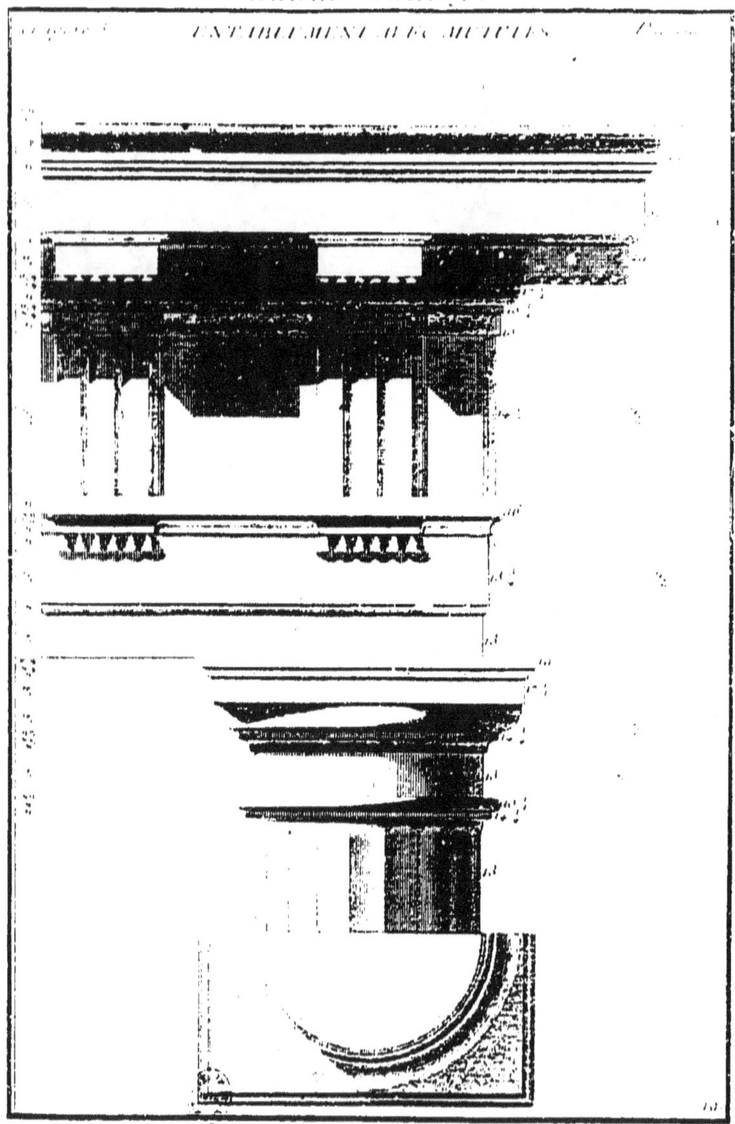

ORDRE DORIQUE
ENTABLEMENT DES MUTULES

ORDRE DORIQUE.
Chapitre 3
DÉTAILS DES DEUX ENTABLEMENS
Planche 3

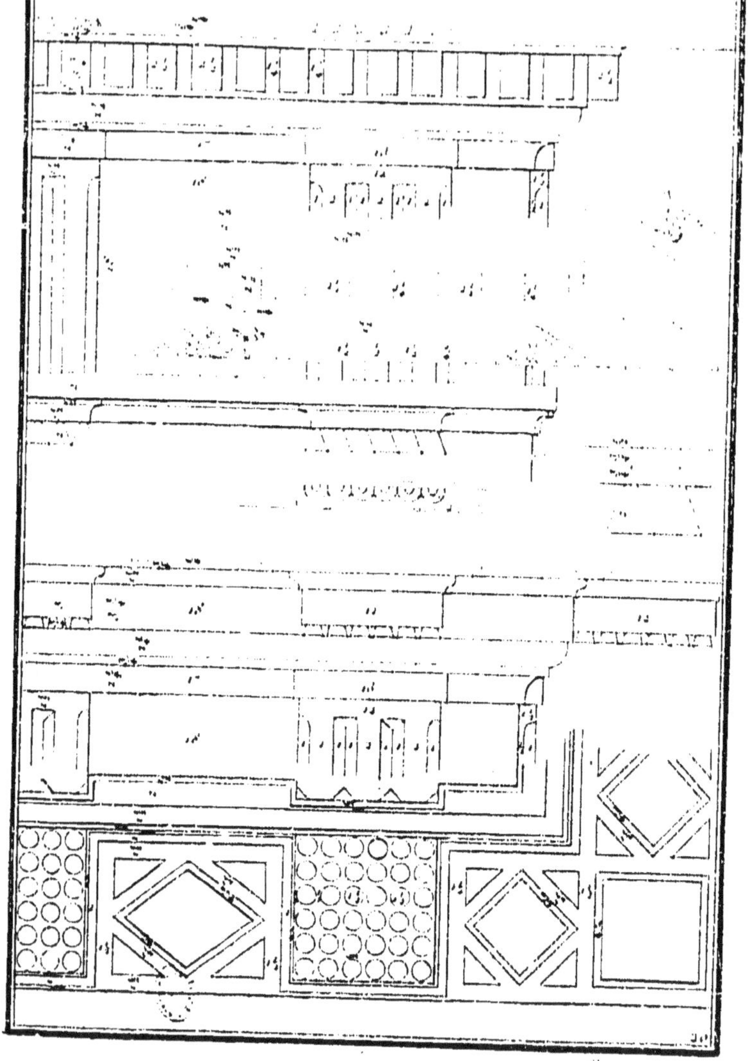

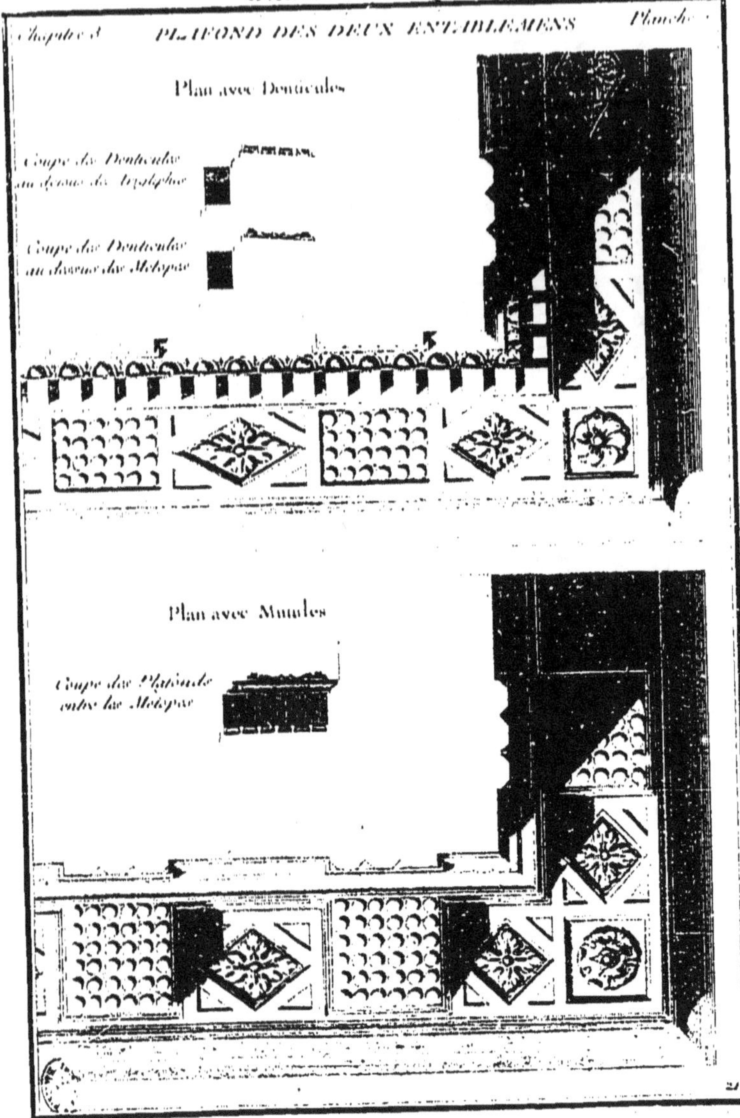
Chapitre 3
PLAFOND DES DEUX ENTABLEMENS
Planche
Plan avec Denticules
Coupe des Denticules au dessous du Triglyphe
Coupe des Denticules au dessous des Métopes
Plan avec Mutules
Coupe des Plafonds entre les Métopes

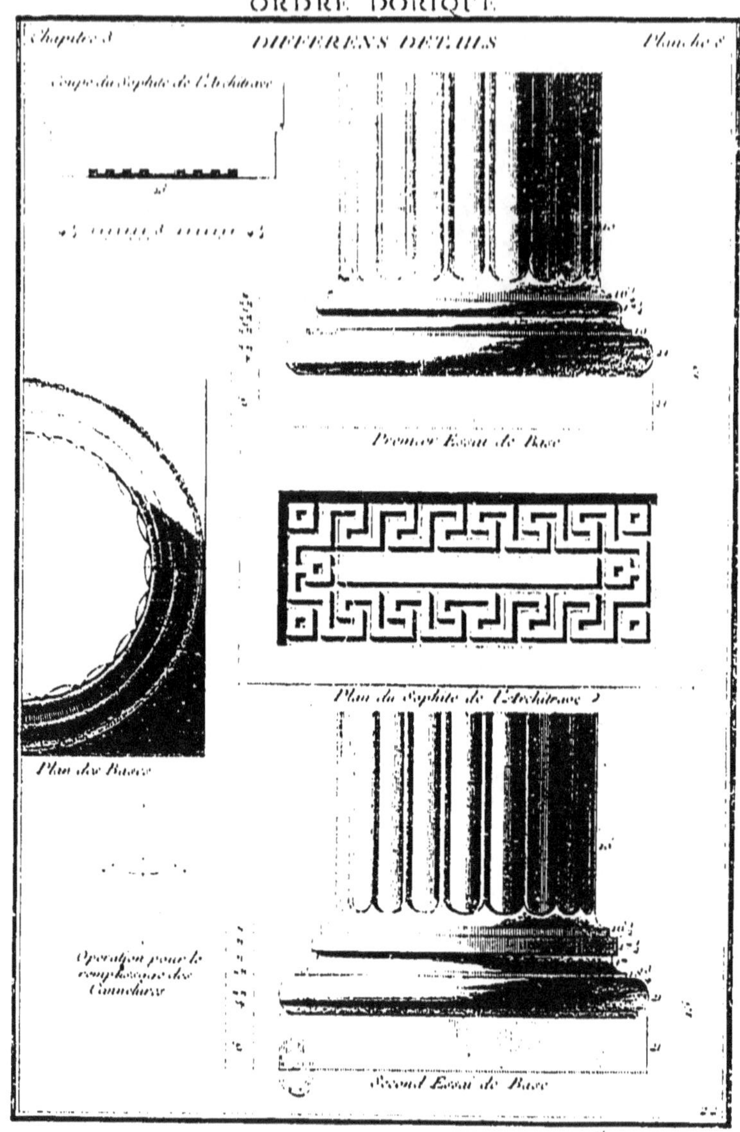

Coupe du Sophite de l'Architrave
Plan des Bases
Operation pour le remplissage des Cannelures
Premier Essai de Base
Plan du Sophite de l'Architrave
Second Essai de Base

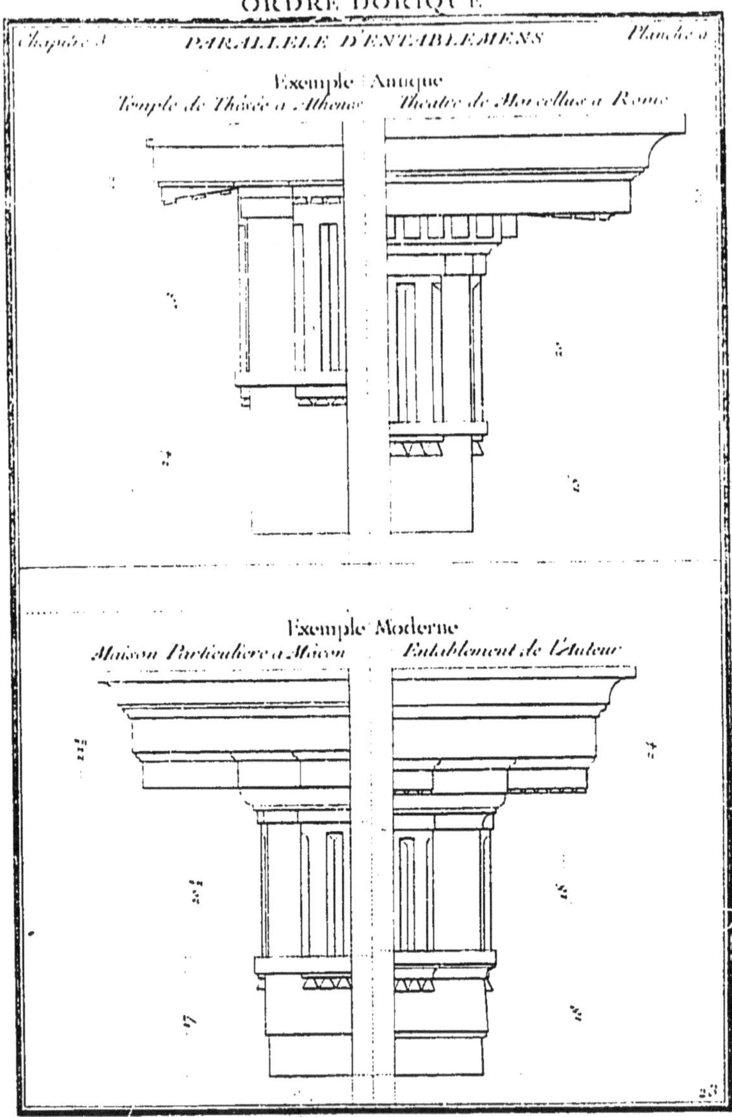
Chapitre 3
PARALLELE D'ENTABLEMENS
Planche 3
Exemple Antique
Temple de Thésée a Athènes
Théatre de Marcellus a Rome
Exemple Moderne
Maison Particuliere a Macon
Entablement de l'Auteur

des fautes comme dans bien d'autres parties. Enfin si ce n'est que la facilité de la distribution qui les y a engagés, elle est encore plus grande par la méthode que l'on propose, comme il est facile de s'en convaincre pour peu que l'on veuille y donner l'attention que la chose demande.

CHAPITRE QUATRIEME.

DE L'ORDRE IONIQUE.

De son origine & de sa proportion.

L'ORDRE Ionique, le second des Ordres Grecs, doit son origine à Ion, envoyé en Asie par les Athéniens pour établir une colonie ; il fonda dans la Carie treize grandes villes, & il donna son nom à cette province, qui depuis fut appellée *Ionie*. Ce fut à Ephese, la plus considérable de ces treize villes, que l'on bâtit, en l'honneur de Diane, un temple suivant un Ordre nouveau, différent du Dorique, que l'on appella l'Ordre Ionique. On éleva aussi dans la même ville un autre temple du même Ordre, dédié à Apollon, & un autre à l'honneur de Bacchus.

Il y a deux especes d'Ionique, dont l'un est appellé antique, & l'autre moderne. L'antique n'est différent du moderne que par le chapiteau qui n'a que deux faces semblables, & dont les deux autres, qui sont également semblables entre elles, sont différentes des deux premieres. Le moderne (dont on attribue, comme nous l'avons vu, l'invention à Scamozzi, quoiqu'il y en ait un exemple antique à Rome) a les quatre faces semblables, & est plus en usage aujourd'hui que l'autre, parce qu'il est plus facile de s'en servir. On donnera les proportions de ces deux chapiteaux. Il y a encore dans l'entablement une différence entre l'antique & le moderne, en ce que l'antique n'admet dans sa corniche que des denticules, & que dans celle de l'entablement moderne les architectes ont introduit des mutules ou des modillons simples ; ils ont rendu aussi l'architrave plus riche. Mais quoique l'on réserve ordinairement l'entablement avec denticules pour être placé sur le chapiteau antique, on est cependant le maître de l'employer sur le chapiteau moderne, de même que l'entablement moderne peut être mis sur le chapiteau antique.

ARTICLE PREMIER.

Des proportions principales de l'Ordre Ionique, & de son entrecolonnement.

Nous avons dit, en parlant des Ordres en général, que les colonnes Ioniques doivoient avoir neuf diametres, & l'entablement deux. Divisant cette hauteur de l'entablement en dix parties, comme il a été expliqué dans l'Ordre précédent, trois de ces parties seront pour l'architrave, trois autres pour la frise, & les quatre restantes pour la corniche. La base de la colonne aura un demi-diametre, & le chapiteau (auquel on a ajouté un astragale) tiendra le milieu pour la hauteur entre le Dorique & le Corinthien; il a, sans y comprendre l'astragale, trois quarts de diametre. Cette hauteur sera la même, tant au chapiteau antique qu'au moderne. L'espacement que l'on a donné aux colonnes de cet Ordre, est entre l'eustyle & le diastyle, ayant mis du milieu d'une colonne à l'autre trois diametres vingt-deux parties, suivant les détails qui en seront donnés ci-après.

ARTICLE II.

Du Portique Ionique.

Les colonnes & l'entablement feront les mêmes qu'à l'entre-colonnement, mais elles feront élevées fur un focle de trois quarts de diametre. Il y aura du milieu d'une colonne à l'autre fix diametres douze parties, les piliers auront deux de ces diametres, & les quatre diametres douze parties reftants feront pour la largeur de l'arcade ; elle aura de hauteur neuf diametres trois parties, ce qui fera neuf parties ou trois quarantiemes de plus que le double de fa largeur. Le deffus de l'impofte fera placé à fix diametres vingt-fix parties du bas de l'arcade ; c'eft à cette hauteur que fera auffi le centre de l'archivolte, qui fera d'un demi-diametre ainfi que l'impofte, dont les détails feront fur le troifieme deffein de ce chapitre.

Vignole a mis cette arcade au double comme les autres, ce qui ne donne pas à cet Ordre la légereté qu'il doit avoir ; & c'eft pour cette raifon que l'on préfere les proportions de Defgodets, defquelles on a approché le plus qu'il a été poffible.

ARTICLE III.

Du piédeftal, de la bafe de la colonne, de l'impofte & archivolte de l'Ordre Ionique.

Il n'eft pas néceffaire de répéter ici ce que l'on a déja dit au fujet des piédeftaux dans l'Ordre précédent, il fuffit de dire que ce qui refte a de hauteur les fept vingt-quatriemes de la hauteur de la colonne, dont la bafe en a deux, & le dez les cinq autres. Le détail de cette bafe fe trouve fur le deffein des piédeftaux en général, à l'article troifieme du deuxieme chapitre.

La base de la colonne a de hauteur un demi-diametre, sans y comprendre le liftel du deffus du tore supérieur qui est pris aux dépens du fût de la colonne. La saillie de la base sera du cinquieme du diametre de chaque côté, ainsi qu'il a été expliqué à l'Ordre précédent.

L'impofte & l'archivolte étant profilés de même, & ayant chacun un demi-diametre de hauteur, le profil de l'un servira pour l'autre. Sa saillie sera du tiers de sa hauteur ; celle de l'archivolte n'aura que les quatre cinquiemes de celle de l'impofte, par la raison que la premiere face à l'impofte est en saillie sur l'alette de l'arcade, pendant que celle de l'archivolte est au nud de la même alette.

Il y a sur ce deffein la moitié du plan d'une colonne avec ses cannelures, qui font remplies jufqu'au tiers de la hauteur de la colonne. Il a été dit, en parlant des cannelures de l'Ordre Dorique, qu'il y en avoit vingt à une colonne, mais dans cet Ordre il y en a vingt-quatre.

Pour former ces cannelures, quand on a divifé le pourtour de la colonne en vingt-quatre parties égales, il faut divifer une de ces parties en quatre, dont on donnera trois à la cannelure, & l'autre sera pour la côte qui les fépare. Elles se font en mettant la pointe du compas dans le point de la divifion sur la circonférence de la colonne ; le compas étant ouvert d'une partie & demie de la divifion des quatre du milieu d'une cannelure à l'autre, on formera de cette ouverture un demi-cercle.

Pour le rempliffage jufqu'au tiers il faut prendre l'ouverture entiere de la cannelure, & la porter de la circonférence de la colonne vers le centre, & le point que l'on trouvera sur ce rayon sera le centre du rempliffage de cette même cannelure.

ARTICLE IV.

Du contour de la volute pour le chapiteau Ionique , & de la manière de la tracer suivant plusieurs auteurs.

Tous les auteurs qui ont travaillé sur les Ordres d'architecture, ont cherché la manière de tracer le contour de la volute Ionique, & plusieurs se sont persuadés avoir trouvé celle qui est décrite dans Vitruve, bien qu'il l'ait donnée de différentes manières. François Blondel, dans son cours d'architecture, a donné cinq desseins de différentes façons de tracer ces volutes, dans lesquelles il y en a qui sont totalement vicieuses, comme on va le démontrer. Il y sera joint la méthode dont s'est servi Desgodets, & celle dont on se servira pour faire connoitre la différence de toutes ces manieres, & l'avantage que l'on trouve à celle que l'on donne pour principe, dont la méthode est nouvelle.

Contour de la première volute des commentateurs de Vitruve , donné par François Blondel.

On voit sur la quatrieme planche de ce chapitre, figure premiere, le contour de cette volute; elle est défectueuse en ce qu'elle paroit panchée, & qu'il y a trop d'égalité dans sa révolution, qui est toujours la même jusqu'à l'approche de l'œil où elle diminue trop sensiblement.

Pour la tracer, sa hauteur totale étant déterminée, il faut la diviser en huit & faire l'œil d'une de ces huit parties , en laissant quatre parties franches au-dessus de l'œil & trois au-dessous, les points 4 & 5 serviront de centre pour la tracer.

Autre maniere dont les commentateurs de Vitruve se sont servis pour tracer le contour de la volute.

Cette maniere de tracer le contour de la volute, qui est à la

figure deuxieme de la même planche, est aussi défectueuse que
la précédente ; la volute paroit aussi panchée.

Pour la tracer, on divisera en treize parties sa hauteur totale,
dont l'œil en aura deux, lequel laissera six parties en dessus & cinq
en dessous ; la hauteur de l'œil sera divisée en quatre parties K,C,L,
dont C sera le centre , & les points de centre pour tracer son
contour, seront K, J, C, J, C & L.

Tous les centres, pour tracer ces deux volutes, sont sur une
seule ligne, qui est la ligne à plomb de l'axe : c'est ce qui les fait
pancher.

Contour de la seconde volute de Vignole.

La troisieme figure de la même planche est la seconde volute
de Vignole ; quoiqu'elle soit fort compliquée, elle n'en est pas
meilleure pour la tracer au compas, attendu qu'elle jarette à toutes
les rencontres des différentes portions de cercle qui la composent,
dont le nombre est de vingt-quatre ; mais elle est plus favorable
pour la dessiner à la main.

Pour la tracer, on divisera la hauteur totale en seize parties
égales, & l'œil sera de deux de ces parties, en en laissant huit en
dessus & six en dessous ; par le milieu de l'œil on tirera une ligne
qui forme des angles droits avec la cathete de ladite volute ; on
partagera ces angles droits en deux , & l'on tirera les diagonales
2, 6, & 4, 8. Il faut faire sur le même dessein un triangle
rectangle, dont la base AB soit égale à la hauteur depuis le
milieu IX de l'œil de la volute, jusqu'au bas XVI de cette volute.
La hauteur AC du même triangle doit être égale à la distance
du milieu IX de l'œil jusqu'au haut I de ladite volute, en observant que l'angle CAB soit droit. Après avoir formé le triangle,
il faut du point B pour centre & de l'intervalle BA décrire la
portion de cercle AE ; du point A pour centre on fera un cercle
du diametre de l'œil, que nous avons dit être de deux des seize
parties de la hauteur de la volute. On divisera la distance de E à la
circonférence de l'œil en six parties, & chacune de ces parties en

quatre autres, ce qui divisera la totalité en vingt-quatre parties égales. Du point B pour centre & de toutes les divisions entre T & l'œil il faut tirer des lignes jusqu'à ce qu'elles rencontrent la ligne CA aux points 2, 3, 4, 5, &c, ensuite on prendra les distances de A·1 qu'il faut porter sur la ligne à plomb de la volute depuis IX jusqu'à 1, ensuite la distance A 2 & la porter de IX jusqu'à 2 : puis toutes les autres longueurs A 3, A 4, A 5, &c, qu'il faudra porter de IX à 3, de IX à 4, de IX à 5, &c, jusqu'à vingt-quatre. Quand tous ces points seront placés, comme on vient de le dire, on tracera son contour, soit à la main, soit avec le compas, en cherchant à éviter, le plus qu'il sera possible, les jarrets sensibles.

Autre maniere dont Vignole s'est servi pour tracer le contour de la volute.

La planche cinquieme, figure premiere, représente une volute d'un meilleur contour que celle qui vient d'être décrite ; il conviendroit cependant d'y faire un petit changement. Vignole s'est contenté de donner la ligne à plomb qui passe par le centre, & l'autre ligne qui la croise pour arrêter les portions de cercle qui la composent ; mais comme ces deux lignes ne rencontrent pas juste le passage d'un centre à l'autre, il résulte qu'elle jarrette : c'est ce qui a fait dire à François Blondel, dans son cours d'architecture, qu'elle étoit vicieuse ; mais en se servant des points de centre pour tirer les lignes sur lesquelles s'arrêteront & recommenceront les différentes portions de cercle qui la composent, elle ne jarretera point.

Pour cette opération, il faut diviser la hauteur totale en seize parties, dont on donnera deux à l'œil de la volute, en laissant huit parties en dessus & six en dessous ; ensuite il faudra élever sur le centre de l'œil une perpendiculaire qui la croise, & former un quarré dont les angles seront déterminés par les lignes qui croisent l'œil, comme il est marqué sur le dessein plus en grand de l'œil AB CD. On partagera les lignes AB , BC, CD, DA en deux aux points E, F, G, H, & l'on tirera les lignes F H & G E que l'on partagera en six, favoir la ligne EG aux points I, N, R, P, L, & la ligne F H aux points K, O, R, Q, M : les points E, F, G, H, I, K, L, M, N, O, P, Q feront les centres des différentes portions de cercle qui compoferont la volute. On obfervera de tirer des lignes du paffage d'un centre à un autre, jufqu'à ce qu'elles coupent le cercle de la volute, comme on le voit fur l'opération.

Mais comme le paffage des centres de H à I & de M à N ne peuvent pas fe calculer exaſtement à caufe des fraſtions de parties, il faut un peu aider à la lettre pour fe trouver jufte ; c'eft pourquoi celle de Defgodets eft préférable, comme on va le voir.

Maniere de tracer la volute fuivant Defgodets.

La deuxieme figure de cette cinquieme planche repréfente la volute de Defgodets : toute la différence de celle-ci à la précédente eft dans le paffage des centres qui font toujours à l'équerre , ce qui fait que l'on peut calculer fes révolutions fort jufte , en quoi elle a l'avantage fur celle de Vignole.

Pour la tracer fuivant la méthode de Defgodets, il faut divifer toute la hauteur deftinée à cette volute en trente parties, dont on donnera quatre à l'œil, laiffant quinze de ces parties en deffus , & onze en deffous. Il faut faire dans l'œil un quarré dont chaque côté ait deux parties qu'on partagera en fix autres, afin de former trois quarrés les uns dans les autres, comme A, B, C, D pour le plus grand, F, G, H, P pour le moyen, & K, L, M, N pour le petit : A, B, C, E, F, G, H, I, K, L, M, N feront les centres pour former le contour de la volute. On remarquera que le fecond quart de cercle eft plus petit que le premier de deux parties ; le troifieme plus petit que le fecond de deux parties ; le quatrieme plus petit que le troifieme d'une deux tiers ; le cinquieme plus petit que le quatrieme d'une deux tiers ; le fixieme plus petit que le cinquieme d'une un tiers ; le septieme diminue également d'une un tiers ; le huitieme d'une ; le neuvieme d'une ; le dixieme de deux tiers, ainsi que le onzieme & le douzieme d'un tiers.

Pour décrire la seconde révolution de cette volute, il faut partager la distance de chacun des trois quarrés en quatre, & former de nouveaux quarrés en dedans des précédens, comme on les voit tracés sur l'œil de la volute en lignes ponctuées, & les points des angles de ces nouveaux quarrés serviront de centre pour la seconde révolution, ayant égard que ce sont les points qui approchent des mêmes angles que ceux qui ont servi à faire la premiere révolution.

Méthode de Goldman pour tracer le contour de la volute.

La premiere figure de la sixieme planche représente la méthode de Goldman, qui a été admirée de presque tous les auteurs qui ont écrit depuis lui, & qui l'ont citée comme la meilleure de toutes ; cependant on ose dire qu'elle est une des plus défectueuses en ce que sa révolution ne diminue pas par gradations, comme il va être démontré : le premier quart de cercle se rapproche du centre d'une partie ; le second de trois, ainsi que le troisieme ; le quatrieme d'une ; le cinquieme de deux tiers de partie ; le sixieme de deux parties ainsi que le septieme ; le huitieme de deux tiers de partie ; le neuvieme d'un tiers ; le dixieme d'une partie ainsi que le onzieme, & le douzieme d'un tiers de partie.

Pour opérer, suivant cette méthode, il faut diviser la hauteur de la volute en trente-deux parties, en donner quatre à l'œil, & placer son centre à dix-huit parties en contrebas, afin d'en laisser quatorze en dessous ; il faut former un quarré de deux de ces parties, observant de mettre sa largeur totalement en dehors du côté que se fait la premiere révolution, de façon que la cathete lui serve de côté, & que la ligne du centre sur le travers le coupe en deux également, comme il est représenté par A, B, C, D. Ayant partagé ensuite la hauteur CA en six parties égales aux

points I, N, E, K, F : on divisera sa longueur en trois, on tirera
les lignes obliques EB & ED ; les lignes parallèles I H , F G,
K L , N M , & les lignes à plomb LM, G H, les points A, B, D,
C, F, G, H, I, K, L, M, N font les points de centres pour
tracer cette première révolution.

Pour décrire la seconde révolution , il faut faire un triangle
O, P, Q, dont la bafe OP foit égale à la diftance depuis le quarré
formé dans l'œil jufqu'à la hauteur de la volute, dont l'angle OPQ
foit droit, & dont la hauteur foit égale à la moitié du quarré du
dedans de l'œil. Enfuite ayant fait la diftance PR égale à la diftance
que l'on veut donner d'une révolution à l'autre, on élevera fur
le point R une perpendiculaire RS. Cette diftance fera celle dont
on fe fervira pour former le quarré ponctué, que l'on divifera en
fix, comme il eft marqué fur le deffein de l'œil, & l'on tracera la
feconde révolution, comme l'on a tracé la première. Mais cette
feconde révolution diminue trop promptement, ce qui rend le
liftel de la volute trop maigre.

Nouvelle maniere que l'on propofe pour tracer le contour de la volute Ionique

La deuxieme figure de cette fixieme planche repréfente la
méthode que nous adoptons, laquelle eft le fruit des réflexions
que nous avons faites fur la fimplicité des opérations des deux
volutes des commentateurs de Vitruve. Nous avons remarqué
qu'en plaçant la ligne fur laquelle font les centres dans une
direction oblique, nous parviendrions à la redreffer : c'eft ce qui
nous a fourni l'idée de celle-ci, qui eft la plus courte de toutes
celles de nos auteurs modernes, & par conféquent la plus facile
à mettre en pratique.

Pour en faire l'opération, il faut divifer la hauteur totale en
huit parties, dont on donnera quatre & demie depuis le haut de
la volute jufqu'au centre de l'œil, & les trois autres & demie
refteront au deffous de l'œil, que l'on fera d'une de ces parties.

On tirera ensuite la diagonale AB, qui est celle sur laquelle seront les sections des différentes portions de cercle ; on partagera l'œil CD en six parties égales, pour avoir les points E, C, I, H, F, qui sont les centres des révolutions. Du point C pour centre & de l'intervalle CK décrivez la portion de cercle KB ; du point D pour centre & de l'intervalle DB décrivez le demi-cercle BA ; du point E & de l'intervalle EA formez le demi-cercle AL ; du point F & de l'intervalle FL décrivez le demi-cercle LM ; du point G & de l'intervalle GM décrivez le demi-cercle MN ; du point H pour centre & de l'intervalle HN formez l'arc NO ; du point P pour centre, qui est moitié de la distance de I à G, décrivez la portion de cercle OQ, & la première révolution sera tracée.

Pour la seconde, on divisera en cinq les distances de C à E, de E à G, &c, & l'on portera une de ces cinquièmes parties de chacun des points de centre qui ont servi à former la première révolution, en observant de la porter toujours vers le centre, & de ces points on décrira la seconde révolution, comme on a formé la première. Elle diminuera moins que toutes celles des autres volutes, & par ce moyen celle-ci sera plus nourrie. Il est vrai qu'elle ne viendra pas à rien au centre, mais elle n'en sera que mieux.

ARTICLE V.

Du chapiteau Ionique antique avec sa volute, suivant cette nouvelle méthode.

Le chapiteau a été dessiné le plus grand qu'il a été possible, pour y pouvoir tracer la volute au compas. Il est représenté sur la septième planche de ce chapitre. Sa hauteur totale est de trois quarts de diamètre sans l'astragale, qui dépend du fût de la colonne, ainsi qu'il a été expliqué plus haut. La cathete de la volute sera placée

à un demi-diametre de l'axe de la même colonne, & elle aura
en hauteur du dessous du tailloir un demi-diametre : elle se
tracera avec la derniere opération qui a été donnée dans l'article
précédent, du reste tout est cotté des parties du diametre. .

ARTICLE VI.

Du chapiteau antique vu de côté, de profil, & de ses plans.

Pour tracer le plan de ce chapiteau Ionique, tel qu'il est
représenté sur la huitieme planche, il faut premierement faire un
cercle du diametre de la colonne par en-haut, & y placer les
saillies du cavet & de l'ove, ensuite tirer une ligne distante de
l'axe de la colonne d'un demi-diametre, pour placer le milieu des
volutes & prendre les distances des révolutions sur une volute
tracée suivant la maniere que nous venons de déterminer, pour
les y placer : pour plus d'intelligence, nous l'avons mis à côté
avec des lignes de renvoi pour mieux faire sentir son développement. Toutes les dimensions en sont cottées, hors les parties
qui dépendent du goût de l'artiste, & suivant la grace que demande
leur contour.

Le chapiteau de pilastre se fera de même que celui de la colonne.
Le profil coupé par le milieu, fait voir de quelle maniere il est
profilé. Toutes ces dimensions ont été cottées, tant dans le
précédent article que dans celui-ci. On a observé d'en faire la
coupe sur les deux sens, pour en marquer la différence. On a
joint aussi sur cette planche le contour de la volute vue de profil,
pour en rendre l'opération plus sensible, comme on le voit par
la lettre A.

ARTICLE VII.

De l'entablement Ionique avec denticules, & du chapiteau antique.

Sur la neuvieme planche est représenté l'entablement Ionique antique avec denticules, ainsi que son chapiteau vu de face. La hauteur de cet entablement est, comme à tous les autres, de deux diametres, qu'il faut diviser en dix parties, dont trois pour l'architrave, trois pour la frise, & les quatre autres pour la corniche, dont la saillie est égale à la hauteur; l'architrave a pour saillie le quart de sa hauteur. Toutes les dimensions en sont cottées, à la réserve de quelques-unes que nous renvoyons au trait de cet entablement, planche douzieme.

Le chapiteau sera semblable à celui que nous avons expliqué dans le cinquieme & le sixieme articles de ce chapitre.

Il n'y a point de moulure taillée dans cet entablement, quoiqu'il soit susceptible d'être orné comme l'entablement moderne; dans le cas où on le voudroit, il faut mettre des rays-de-cœur sur le talon de l'architrave, qui est la seule moulure à orner.

Dans la corniche, le talon sous les denticules doit être taillé en trefles, le quart de rond en oves, la baguette de dessous en patenotres, & la baguette sous la cimaise en grosses & petites perles. Toutes les autres moulures doivent rester lisses, pour laisser des repos qui sont absolument nécessaires pour en mieux distinguer les masses.

ARTICLE VIII.

Du chapiteau moderne, vu d'angle, de son plan & de son profil,
& de la maniere de le dessiner.

La planche dixieme de ce chapitre représente tous les détails du chapiteau moderne, & la façon de le dessiner avec facilité, précifion & netteté. Toutes les divifions des hauteurs des moulures feront femblables à celles du chapiteau antique. Le plan du chapiteau fera conftruit fur le quarré du focle, qui eft d'un diametre deux cinquiemes, de forte que le milieu du pan coupé du tailloir tombera à plomb de celui des bafes : ces pans coupés auront de face un fixieme de diametre. De fes angles on formera le triangle équilatéral A B C, & du fommet du triangle C il faut décrire la courbe AB, qui fait la face du tailloir du chapiteau ; en tirant une ligne du fommet C au centre de la colonne, elle coupera la bafe du triangle AB en deux au point D ; il faut partager en fix parties la longueur CD aux points E, F, G, H, I. En divifant auffi la face de l'angle du chapiteau en fix parties égales, cinq feront pour l'épaiffeur des deux volutes qu'on divifera en quatre, dont les liftels auront d'épaiffeur chacun une de ces parties, & le dégagement entre chacun en aura deux. Pour tracer la face de la volute en plan, il faudra mettre la pointe du compas à la premiere divifion I, & de fon épaiffeur déterminée à l'angle du chapiteau pour en décrire la face ; pour l'épaiffeur du liftel, il faut prendre la partie qui lui a été deftinée, & rapporter la pointe du compas d'une des divifions du triangle au point H, qui fera le centre pour décrire le derriere de la volute : le cavet au derriere du liftel fe trace de la troifieme divifion G, & les révolutions des volutes fe tracent du même centre que la face, en fermant le compas d'une partie à chaque : en obfervant que les paffages d'une révolution à l'autre forment une helice telle que celle qui eft repréfentée fur la huitieme planche de ce chapitre au trait du profil de la volute antique vue de côté. Les largeurs de ces révolutions feront déterminées d'après une volute que l'on tracera vis-à-vis fur la même échelle que le plan, & de la même maniere qu'il a été expliqué, comme on la voit repréfentée fur cette même planche, en plaçant la volute en dedans de l'angle du tailloir d'une partie, afin de grouper davantage ces volutes avec le corps du chapiteau. Les faillies du cavet & de l'ove feront femblables à celle du chapiteau antique, comme on le voit par les cottes qui y sont placées. Les oves seront à plomb de chaque cannelure ; & comme le nombre de ces cannelures est fixé à vingt-quatre, il s'ensuit qu'il y auroit pareille quantité d'oves, s'ils n'étoient pas interrompus par les volutes.

Pour dessiner l'élévation du chapiteau vu d'angle, il faudra l'élever de dessus le plan, comme on le voit pratiqué sur ce dessein, pour éviter d'aller chercher sur les autres desseins toutes les mesures dont on a besoin pour former ce chapiteau. On n'a donné sur cette planche que la moitié du chapiteau d'angle, afin d'avoir occasion de faire sur l'autre moitié sa coupe par le milieu de la volute, pour donner aux jeunes étudians un développement qui n'avoit pas encore été fait dans aucun traité. Pour les favoriser davantage, on a élevé sur la même planche la moitié du chapiteau vu de face au-dessus du plan, avec des lignes de renvoi, ainsi qu'on l'a fait à celui d'angle, afin de leur faire sentir le raccourci & les saillies de toutes les épaisseurs ; de sorte qu'à l'inspection de cette planche ils connoissent toutes les opérations qu'ils ont à faire pour le dessiner de face, de profil & en coupe dans la derniere régularité. Les hauteurs & saillies des moulures sont cottées sur l'élévation de face, & sur le plan des parties du diametre.

ARTICLE IX.

De l'entablement & du chapiteau moderne.

Sur cette onzieme planche est le second entablement Ionique, que l'on nomme moderne, parce que dans l'antique on n'en trouve qu'avec des denticules. Il est accompagné du chapiteau à quatre faces semblables, dont on attribue mal-à-propos l'invention à Scamozzi, puisqu'il y en a à quatre faces au temple de la Concorde à Rome.

La hauteur de l'entablement est, comme dans les autres, de

deux diametres, que l'on divisera en dix parties, dont trois seront pour l'architrave, trois pour la frise, & les quatre autres pour la corniche; sa saillie est égale à sa hauteur. Toutes les dimensions, tant de hauteur que de saillie, sont cottées, à la réserve de celles qui sont renvoyées à la douzieme planche, n'ayant pu les placer ici.

Le chapiteau a les mêmes proportions que ceux que nous venons d'expliquer ci-devant. On se servira du même plan & des mêmes opérations de la planche précédente, où l'on a déja élevé la moitié de sa face. Les moulures de cet entablement qui doivent être taillées, y sont observées.

ARTICLE X.

Des traits des parties de corniche, & des plans de ces deux entablemens pour la facilité de les cotter.

Sur la douzieme planche de ce chapitre on a placé des traits des parties de corniche de ces deux entablemens que la propreté des desseins n'a pas permis de cotter, afin de ne rien laisser d'indécis à ceux qui voudront les dessiner avec précision; on a mieux aimé multiplier les planches, que de laisser quelque chose en doute.

ARTICLE XI.

Plans des plafonds de ces deux entablemens.

Sur cette treizieme planche sont représentés les plans des plafonds de ces deux entablemens Ioniques; le premier est avec denticules, & le second avec modillons.

Ces plans ne sont faits que pour démontrer plus sensiblement tous les détails qui sont déja cottés sur les planches précédentes; & comme il y en a de petits dans les sophites des larmiers qui ne se voient point sur les entablemens, on les a fait ici en coupe pour ne rien laisser à désirer dans ces proportions & détails.

ARTICLE XII.

Du chapiteau pilastre, de son plan, profil & élévation, avec le sophite de l'architrave & son profil.

La quatorzieme planche de ce chapitre représente le plan, la coupe & l'élévation du chapiteau moderne de pilastre, avec le plan & la coupe du sophite de l'architrave ; mais avant que de commencer à décrire ce chapiteau, il est essentiel de dire que nos pilastres ont la même diminution que les colonnes.

Pour tracer le plan du chapiteau, il faut premierement faire le quarré du pilastre à sa diminution, tirer les diagonales, & en former le tailloir tel que celui de la colonne. Toute la différence est dans le contour de la face des volutes, qui se trace d'un point de centre placé au-dessus du sommet du triangle qui a servi à tracer le tailloir de la sixieme partie de la perpendiculaire du même triangle équilatéral. Cette division en six, qui est la même que celle du chapiteau de la colonne, étant faite, le premier point en dedans du triangle plus près du sommet sera pour l'épaisseur du listel, le second pour le cavet, quoique les faces du même pilastre soient droites ; l'ove & les moulures qui l'accompagnent seront formées par des lignes courbes, en leur donnant la même saillie au milieu de la face qu'au chapiteau de colonne. Le centre pour le devant de l'ove sera à la saillie de celui qui est opposé : pour le filet au-devant du cavet, il sera le même que celui qui a servi au contour de la face du tailloir sur l'opposée ; le reste se fera de même que dans le chapiteau de colonne, & l'on se servira de la même méthode, tant pour le plan que pour l'élévation, coupe ou profil.

Le plan du sophite de l'architrave est établi sur la distance de

H ij

deux diametres d'une colonne à l'autre. Les ornemens sont analogues à l'Ordre, ce sont deux ronds entrelassés dans lesquels sont des roses, le tout renfoncé dans un plafond entouré d'un talon. On a cotté toutes les parties de subdivision, ainsi que les renfoncemens, pour les dessiner plus correctement.

CHAPITRE CINQUIEME.

De l'Ordre Corinthien en général & de son origine.

L'ORDRE Corinthien est le troisieme & dernier des Ordres Grecs, & le chef-d'œuvre de l'architecture pour sa magnificence & sa délicatesse ; il a été employé presque dans tous les temples & les palais. Il y a divers sentimens sur l'origine de son chapiteau. On l'attribue ordinairement à Callimachus, Sculpteur Athénien, lequel ayant apperçu un panier recouvert d'une tuile, autour duquel des feuilles d'acanthe venant à pousser se recourberent sous les angles de la tuile en forme de volutes, conçut l'idée de ce chapiteau qu'il accommoda avec la grace du dessein. D'autres regardent cette histoire comme fabuleuse, & assurent que ce chapiteau tire son origine du temple de Salomon, dont les feuilles étoient de palmier. Mais s'il étoit vrai qu'il tirât son origine de ce temple, il ne pourroit plus être considéré comme Ordre Grec, il faudroit lui donner le nom d'Ordre Judaïque.

La colonne de cet Ordre a dix diametres de hauteur, y compris base & chapiteau, c'est aussi le plus leger & le plus élégant de tous les Ordres. Son entablement est de deux diametres comme à tous les autres Ordres, & par ce moyen il a le cinquieme de la hauteur de la colonne.

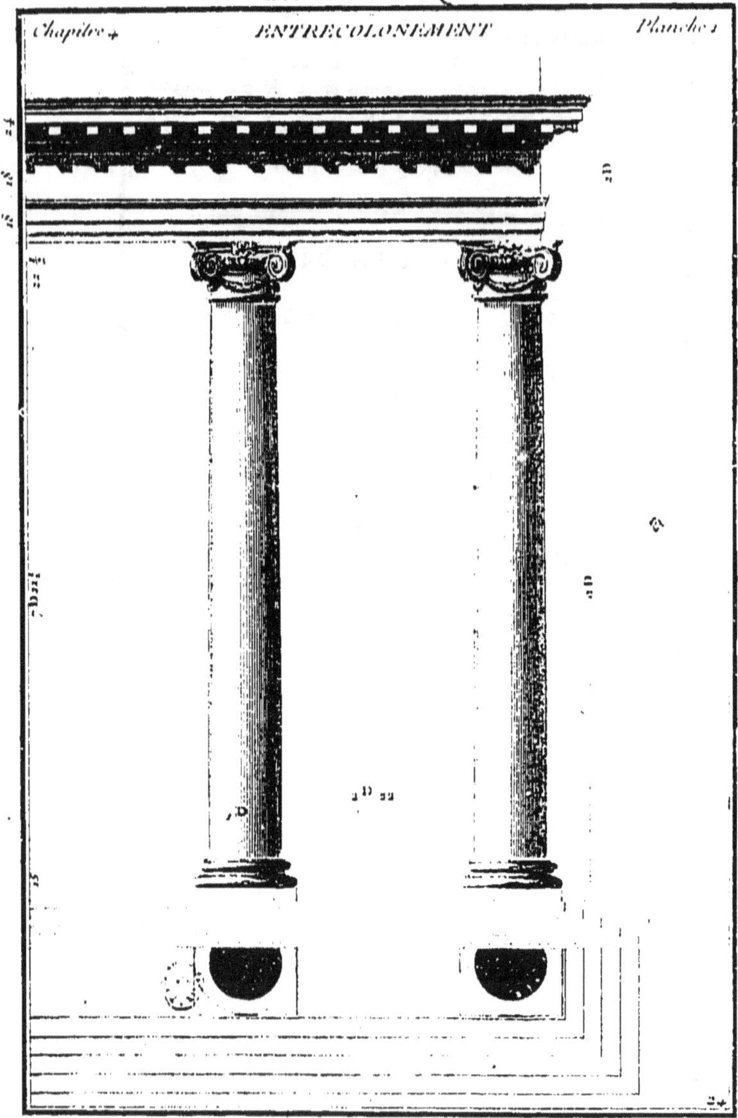

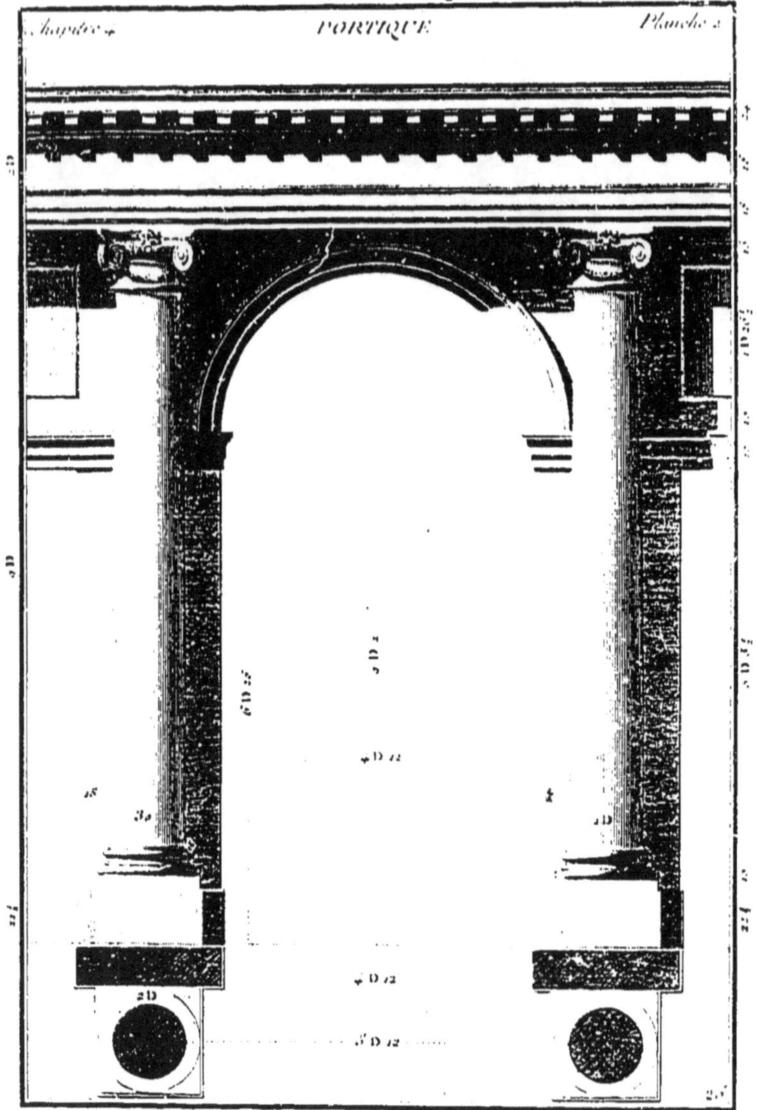
Chapitre 4
PORTIQUE
Planche 2

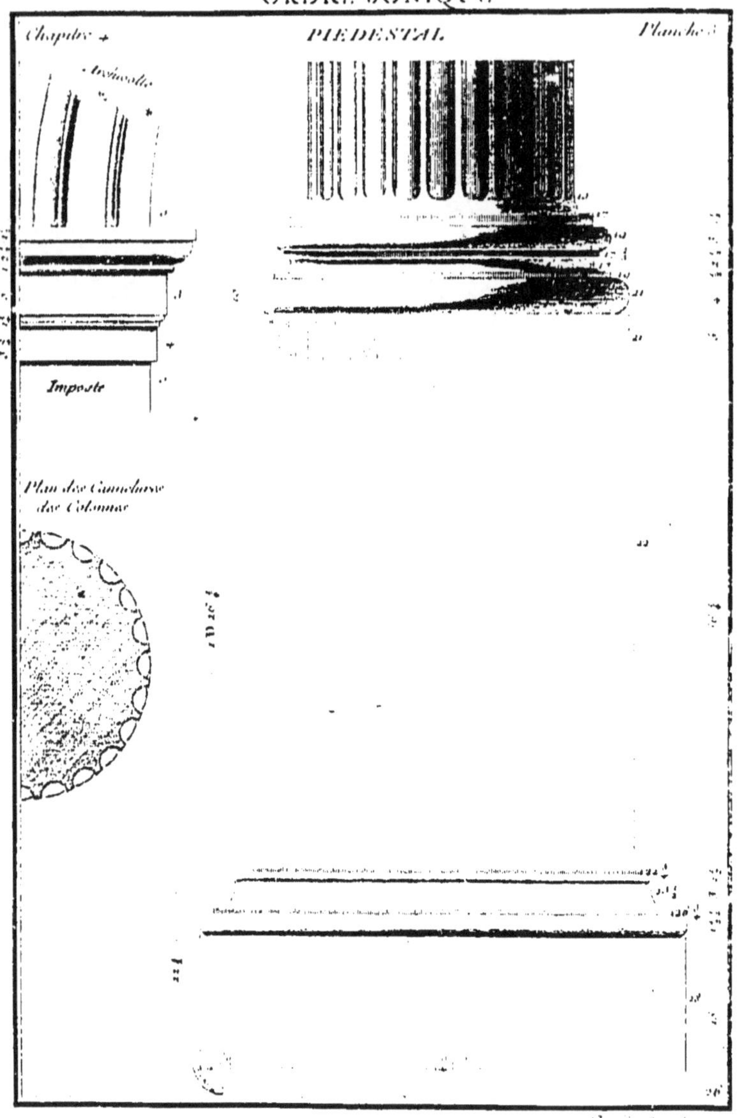

ORDRE JONIQUE
Chapitre
PIEDESTAL.
Planche
Astragale
Imposte
Plan des Cannelures
des Colonnes

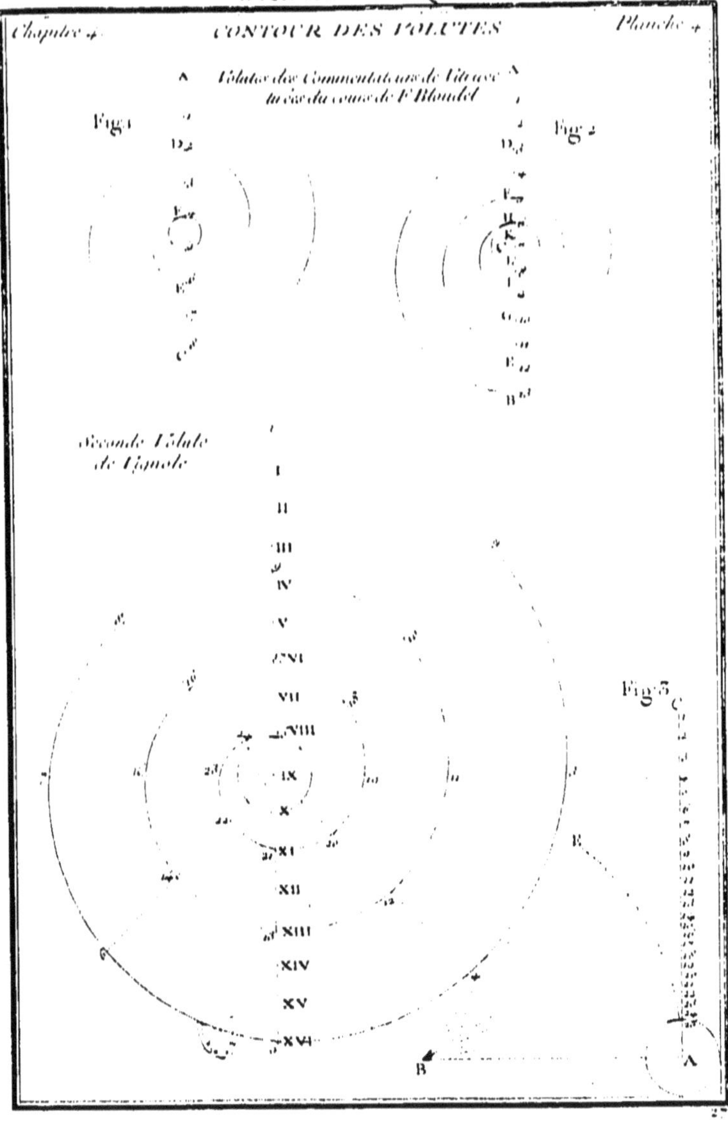
Chapitre 4
CONTOUR DES VOLUTES
Planche 4
Volutes des Commentateurs de Vitruve
tirée du cours de F. Blondel
Fig.1
Fig.2
Fig.3
Seconde Volute
de Vignole
I
II
III
IV
V
VI
VII
VIII
IX
X
XI
XII
XIII
XIV
XV
XVI
A
B
C
E

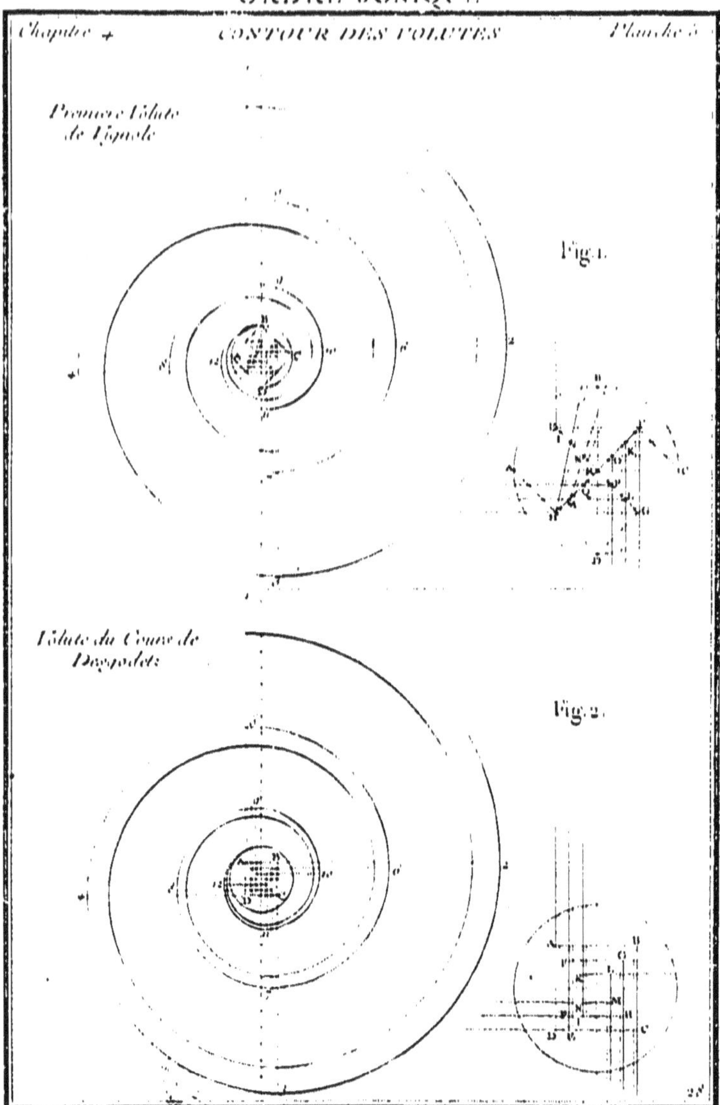

ORDRE JONIQUE
Chapitre 4
CONTOUR DES VOLUTES
Planche 5
Première Volute
de l'Ipode
Volute du Cours de
Desgodetz
Fig. 1.
Fig. 2.

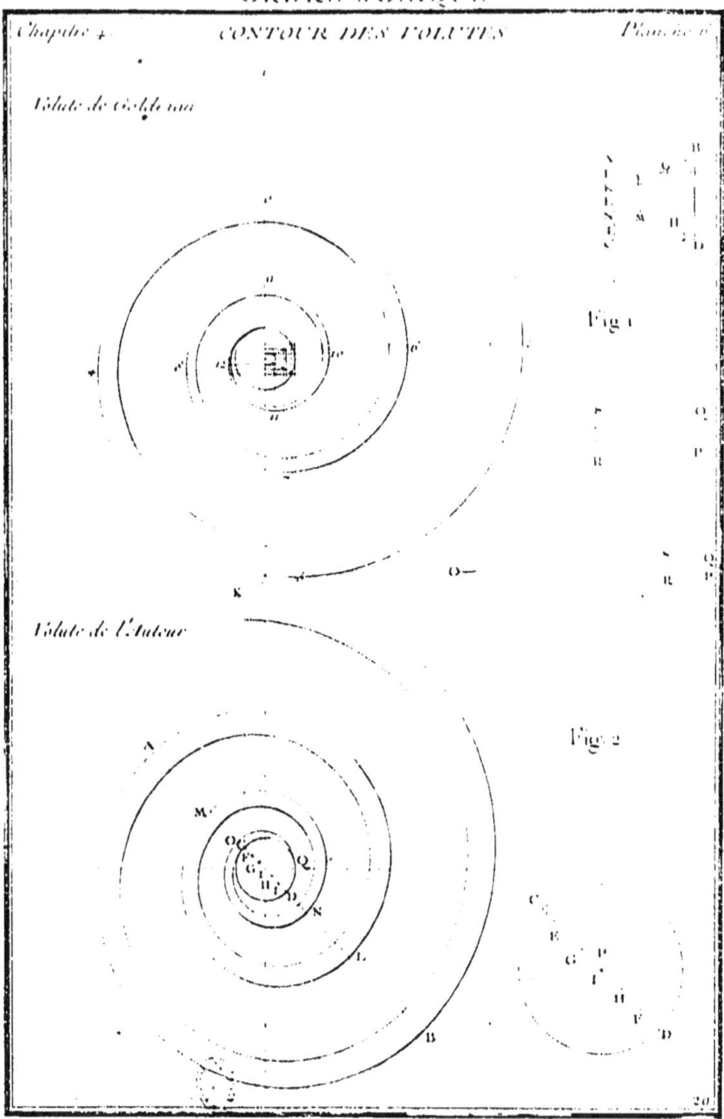
Volute de Goldman
Volute de l'Auteur
Fig 1
Fig 2

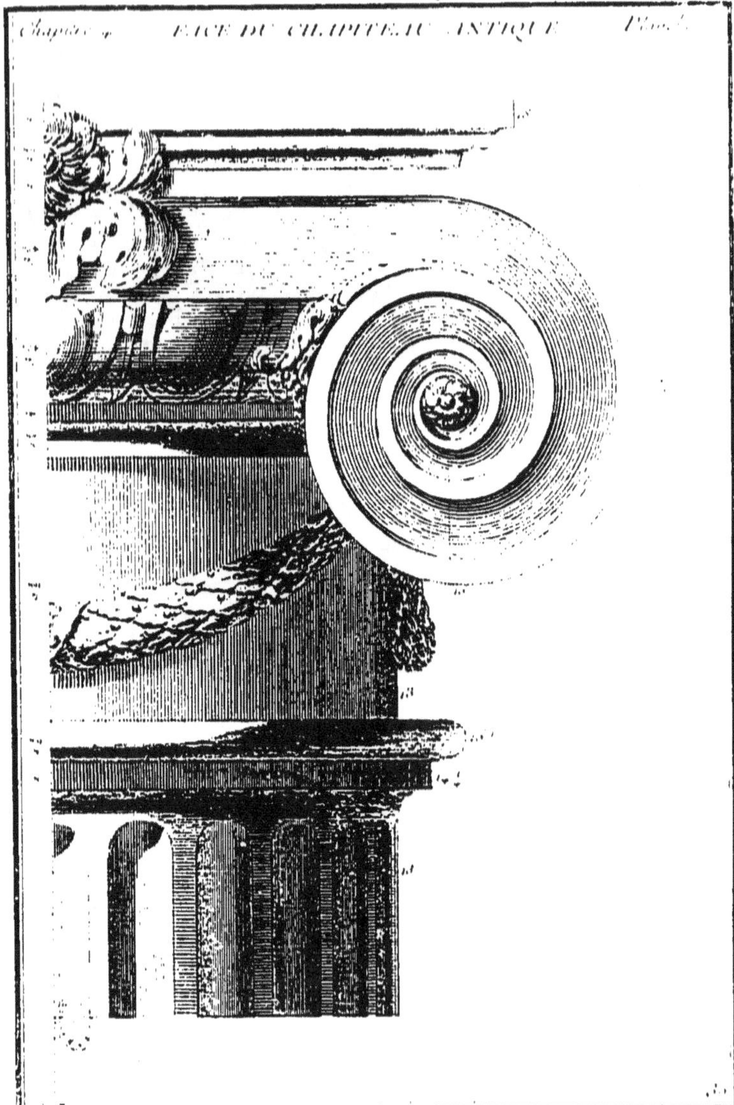

Chapitre 4.
FACE DU CHAPITEAU ANTIQUE
Planche.

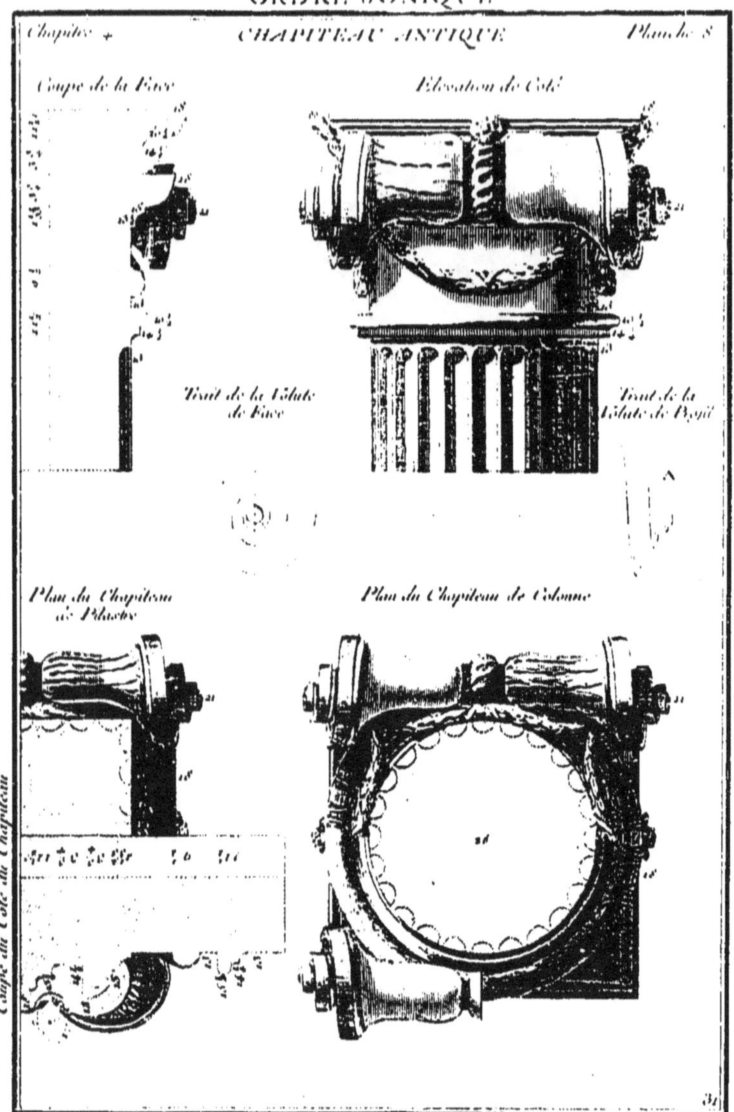
Chapitre +
CHAPITEAU ANTIQUE
Planche 8
Coupe de la Face
Elevation de Coté
Trait de la Volute de Face
Trait de la Volute de Profil
Plan du Chapiteau de Pilastre
Plan du Chapiteau de Colonne
Coupe du Coté du Chapiteau

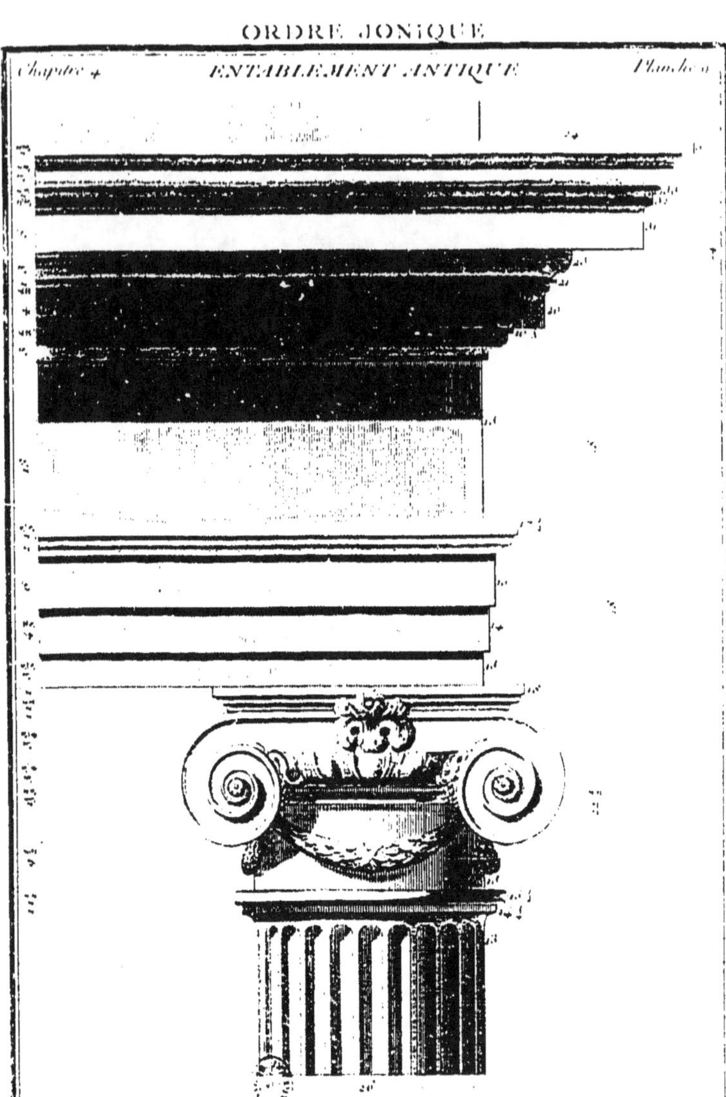

CHAPITEAU MODERNE

Chapitre 4 — Planches

Coupe de la moitié du Chapiteau
sur la Diagonale

Élévation de la moitié du Chapiteau
vue d'Angle

Élévation de la moitié de la
Face du Chapiteau

Plan du Chapiteau
de Colonne

Trait de la Volute

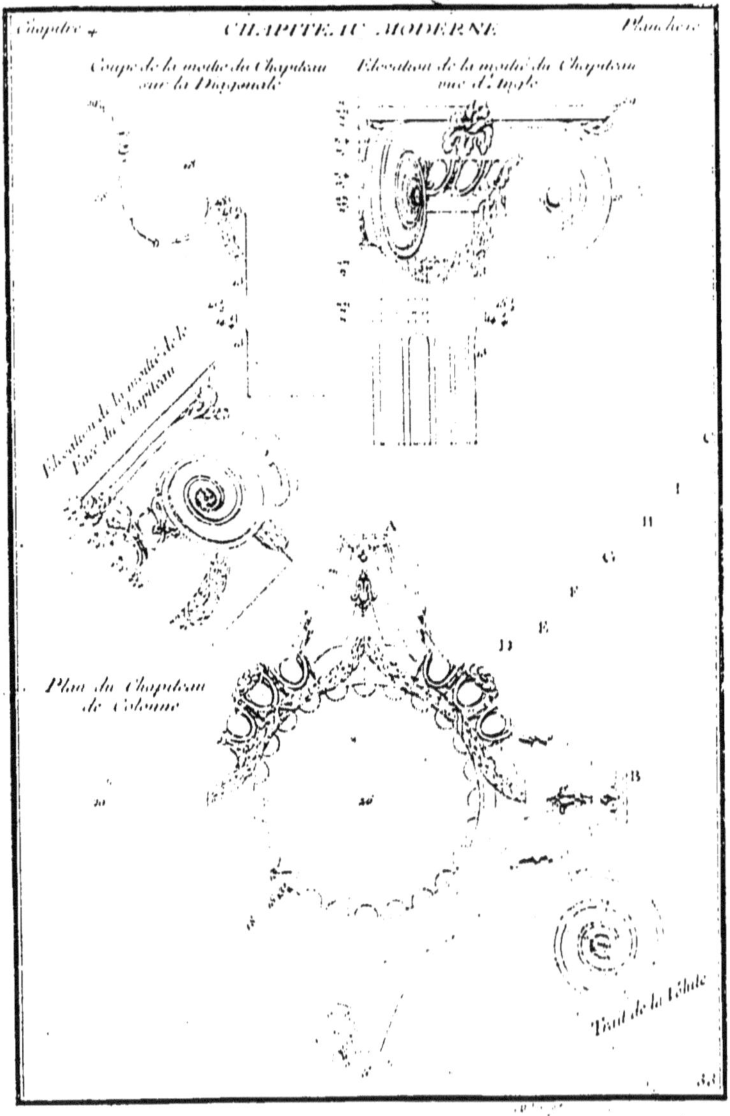

ENTABLEMENT MODERNE.

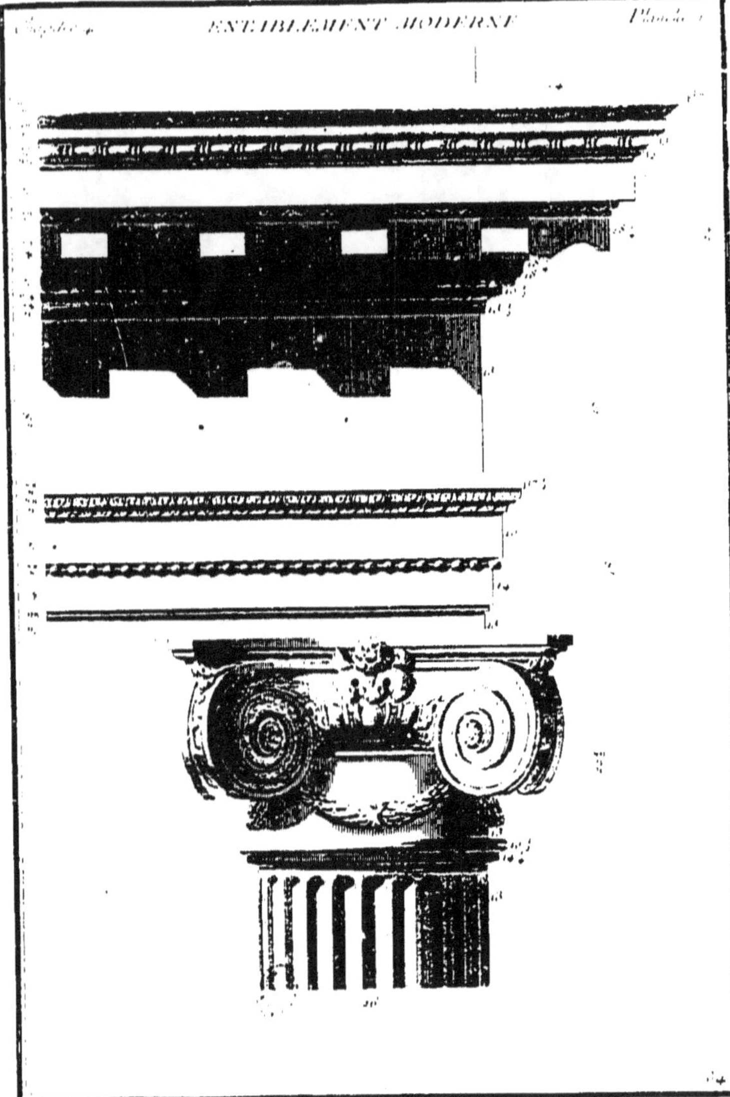

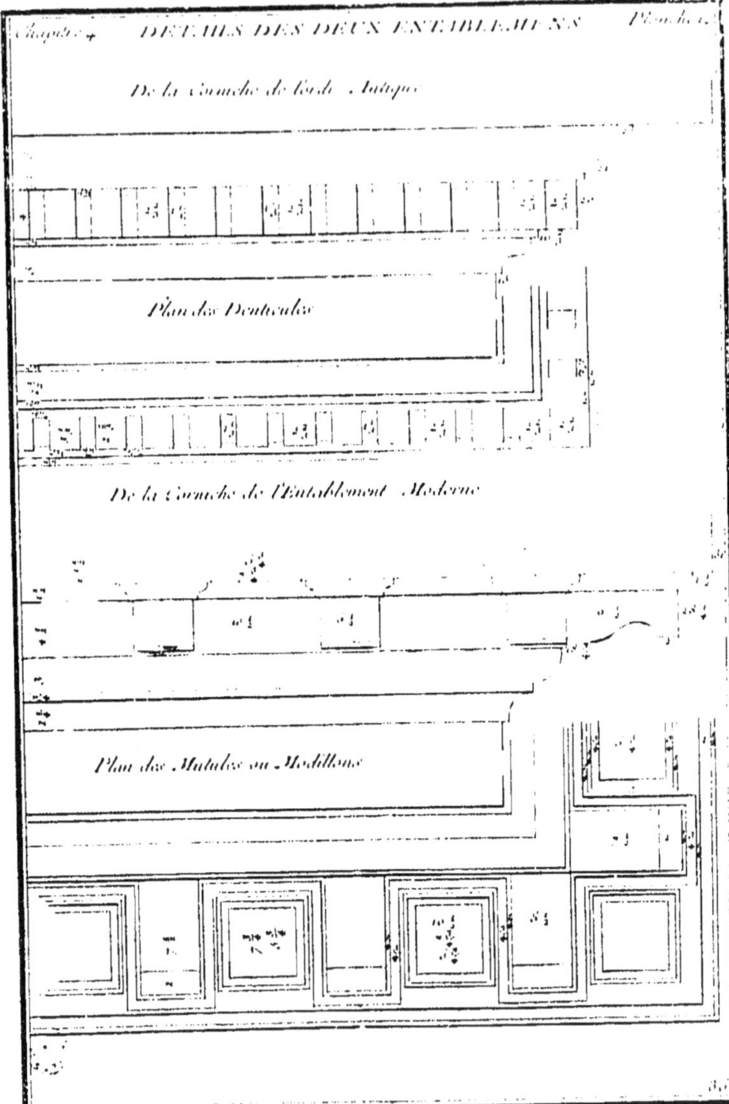

Chapitre 4
DÉTAILS DES DEUX ENTABLEMENS
Planche 4
De la Corniche de l'Ordre Antique
Plan des Denticules
De la Corniche de l'Entablement Moderne
Plan des Mutules ou Modillons

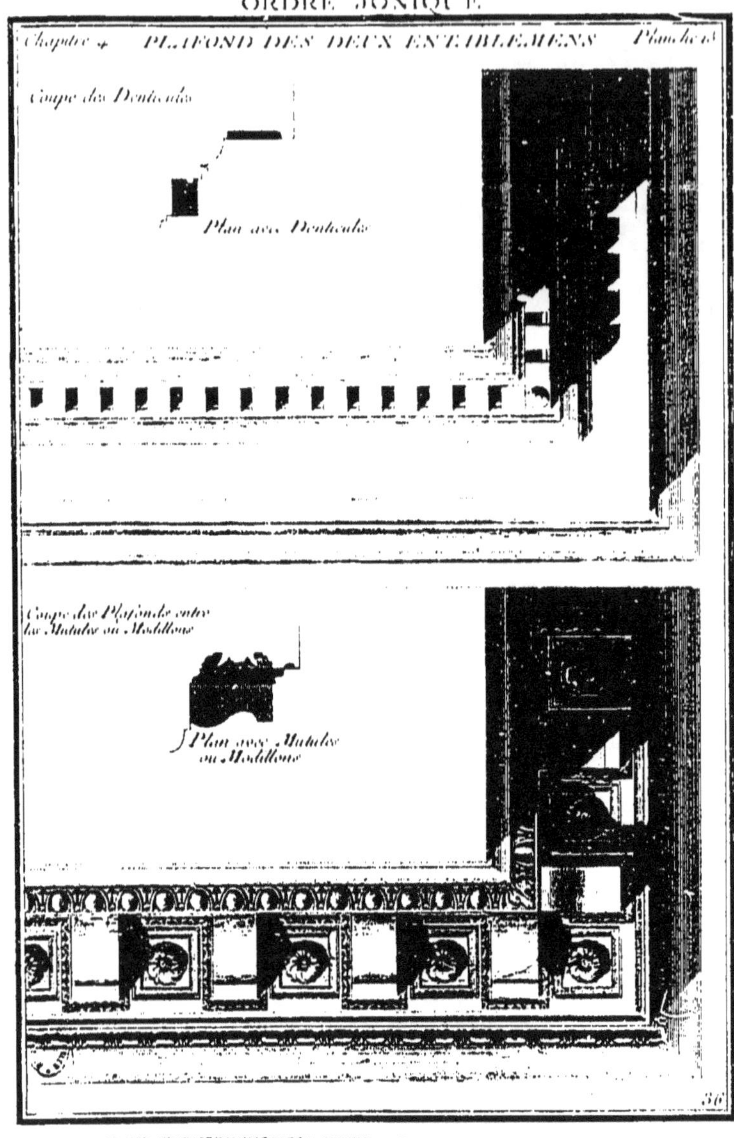

Chapitre 4
PLAFOND DES DEUX ENTABLEMENS
Planche 13
Coupe des Denticules
Plan des Denticules
Coupe des Plafonds entre les Mutules ou Modillons
Plan avec Mutules ou Modillons
36

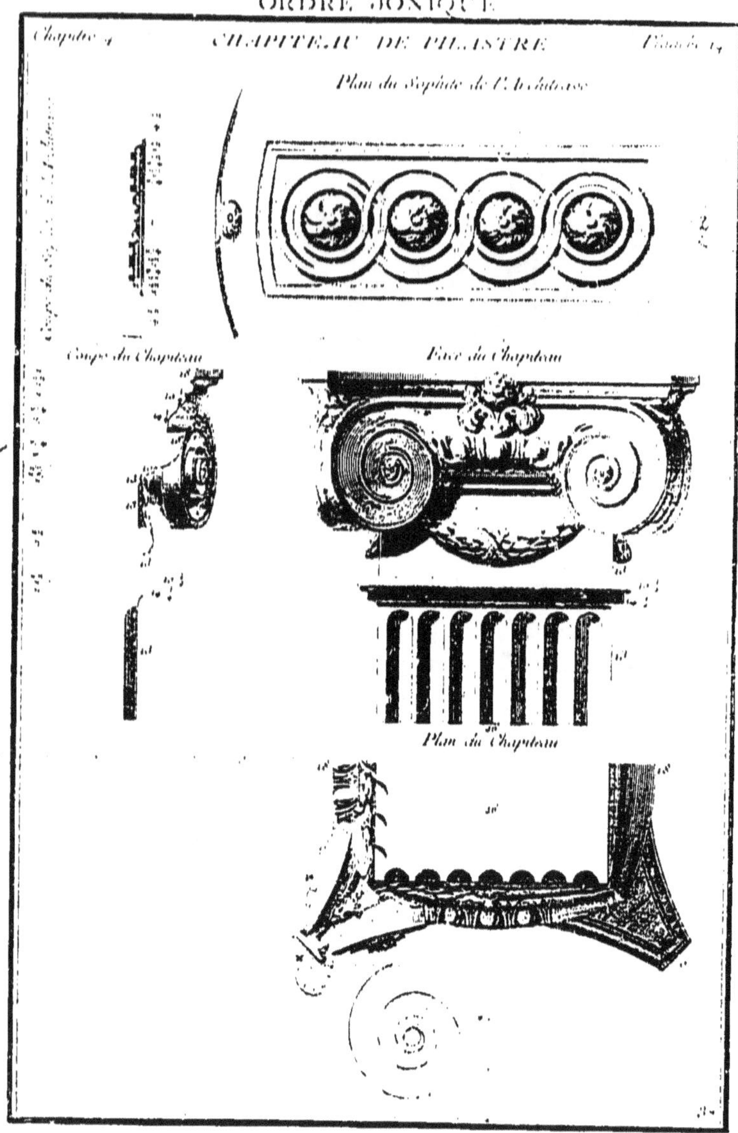

Chapitre 4
CHAPITEAU DE PILASTRE
Planche 14
Plan du Sophite de l'Architrave
Coupe du Chapiteau
Face du Chapiteau
Plan du Chapiteau

ARTICLE PREMIER.

De l'entrecolonnement de l'Ordre Corinthien , & de sa proportion.

POUR former cet entrecolonnement, on donnera de l'axe d'une colonne à l'autre trois diametres dix-huit parties , ce qui fait un peu plus de deux diametres & demi, & un peu plus d'espacement que l'eustyle ; les colonnes ont dix diametres de hauteur & l'entablement deux ; la base un demi-diametre, & le chapiteau un diametre & un sixieme. Tous les détails , tant de l'entablement que des chapiteaux & bases, seront développés en grand sur les troisieme , quatrieme , cinquieme & sixieme desseins de ce chapitre.

ARTICLE II.

Du portique Corinthien & de sa proportion.

LA distance du milieu d'une colonne au milieu de l'autre sera de six diametres dix-huit parties , ce qui fait onze modillons de milieu à milieu de chaque colonne. Les piliers ou piédroits auront deux diametres , ce qui laisse quatre diametres dix-huit parties pour la largeur de l'arcade , laquelle aura dix diametres de hauteur. Cette hauteur sera par conséquent de vingt-quatre parties au-delà du double de la largeur, c'est-à-dire qu'en divisant la largeur de l'arcade en vingt-trois parties, il en faudra cinquante pour sa hauteur. Le dessus de l'imposte sera à sept diametres vingt-une parties de hauteur, & répondra à celle du centre de l'archivolte, qui aura, ainsi que l'imposte, un demi-diametre de hauteur. Les colonnes qui ont dix diametres , seront élevées sur un socle de trois quarts de diametre , & l'entablement en aura deux. La hauteur de la base & du chapiteau seront dans les proportions expliquées à l'article précédent, dont les détails se verront sur les desseins suivans.

ARTICLE III.

Du piédestal, de la base de la colonne, de l'imposte, de l'archivolte & des cannelures de l'Ordre Corinthien.

Le piédestal est, comme tous les autres dont nous avons parlé, sans corniche, pour la raison que nous avons établie dans l'Ordre Dorique; il a en hauteur les sept huitiemes du tiers de la hauteur de la colonne, ou (pour mieux s'expliquer) les sept vingt-quatriemes de la même colonne. La base a deux de ces parties, & le dez a les cinq autres. Le profil de la base est semblable au profil qui a été donné sur le dessein des piédestaux en général. Pour former la table que nous avons mise sur le dez, il faut diviser sa largeur totale en six, & cette sixieme partie sera le champ qui regnera tout au tour.

La base de la colonne a en hauteur un demi-diametre, sans le listel du dessus du tore supérieur qui dépend de la colonne; sa saillie sera d'un cinquieme de diametre de chaque côté.

L'imposte & l'archivolte sont de même profil, qui est d'un demi-diametre de hauteur, & le tiers de cette hauteur formera sa saillie.

L'archivolte sera composé des mêmes profils, tant pour la division de leur hauteur, que pour celle de leur saillie ; à la réserve que la premiere face du bas est au nud de l'alette de l'arcade : ce qui lui donne moins de saillie que l'imposte, de ce que la premiere face couronne sur l'alette de cette arcade.

La division & la forme des cannelures de cette colonne sont semblables à celles de la colonne Ionique, à la réserve seulement qu'elles sont creuses dans toute leur longueur. Il y en a vingt-quatre, & les côtes sont du tiers de la cannelure, comme on le voit au plan dessiné sur cette planche.

ARTICLE IV.

Du développement des volutes du chapiteau Corinthien.

Les auteurs qui ont écrit sur cet Ordre, se sont contentés de détailler un plan de ce chapiteau, & d'après cela d'élever les volutes pour les tracer à la main. Mais comme elles demandent plus d'exactitude pour les faire correctement, on a donné sur ce dessein les proportions nécessaires pour en tracer le contour au compas; par ce moyen on aura plus de facilité à en établir le plan & les élévations.

Ce chapiteau est composé de quatre grandes volutes doubles sur l'épaisseur, & de quatre petites également doubles, ce qui fait seize tant grandes que petites, lesquelles sortent deux à deux de huit tigettes ou caulicoles; savoir une grande & une petite de chacune, dont une va à l'angle du chapiteau, & l'autre au milieu de la face. Les deux grandes, qui forment un des angles du chapiteau, sont réunies par une bande, formant l'entourage d'un rond évuidé: celles du milieu de la face le font par une petite bande.

Cette planche est composée du quart du plan du chapiteau pour les volutes, le tailloir & la levre du vase seulement, au double des autres desseins de la grande & de la petite volute du chapiteau, avec le trait plus en grand & les opérations détaillées pour en faire connoître toutes les proportions. Celle sur l'échelle du plan est placée vis-à-vis du plan pour en déterminer les largeurs. On a tracé sur la hauteur de la grande volute la coupe qui en fait connoître les moulures & les saillies des révolutions. On a fait aussi la moitié de la face du chapiteau abaissé dessous le plan, & de la même grandeur dans la hauteur du dessus des secondes feuilles, jusques & compris le tailloir dénué des caulicoles, & la face de l'angle des grandes volutes: tous ces détails sont faits pour en rendre la construction facile.

Pour compofer ce chapiteau, il faut déterminer les principales maffes du plan. Le tailloir eft de la grandeur du focle de la bafe, dont l'angle répond au milieu de la face du pan coupé du tailloir. On trace enfuite la circonférence de la colonne à fa diminution, & l'on divife le quart du pourtour en quatre parties, pour trouver la place des tigettes des caulicoles. Les angles du tailloir font d'un fixieme de diametre, & les faces fe tracent en formant un triangle équilatéral des extrémités des pans, le fommet duquel A fait le centre de la courbure de la face, comme il a été expliqué au tailloir du chapiteau Ionique moderne.

Le reculement des grandes volutes fera de quatre parties du diametre, du pan coupé du tailloir, & l'épaiffeur des deux enfemble fera auffi de quatre parties. La faillie des petites volutes doit être de fix parties, depuis la circonférence du petit diametre de la colonne, & leur diftance du devant de la face de trois parties : on menera les tigettes aux places des caulicoles, lefquelles font faites en demi-cercle de deux parties & demie de diametre. Du point de l'angle des grandes volutes & du milieu de la faillie de la tigette, on élevera une perpendiculaire qui rencontrera la ligne milieu du triangle au point K. On en tracera la ligne courbe de la volute qui vient dans la tigette. On divifera la ligne perpendiculaire du triangle équilatéral en fix parties aux points B, C, D, E, F, & le point C fera le centre pour tracer la face de la volute : le milieu de la diftance de C à D fera H, point de la demi-divifion d'après pour le quart de rond; le tiers de H à D, qui eft I, fera pour tracer le liftel; la doucine & fon filet fe traceront du point K, centre qui a fervi à tracer la face de la tige qui entre dans les caulicoles. La diftribution de ces moulures fe fera en partageant la face du pan des volutes en huit parties; on en donnera une pour chaque quart de rond, une demie pour chacun des filets, une & demie pour chaque doucine, & un tiers pour les liftels : le refte fera pour l'intervalle.

Pour tracer le plan des petites volutes, on fera une fection formée d'une ouverture de compas d'un demi-diametre, du point du devant de la volute, & du milieu du devant de la tigette de la caulicole ; & ce point L de centre servira pour tracer la face de la volute, qui va gagner la même tigette. Sur la portion de cercle qui a servi à former la section, partant de la tigette, on portera deux divisions égales à la moitié de l'intervalle des deux petites volutes ; le point M sera pour la face de la volute ; la division N sera pour le quart de rond ; la moitié de la partie joignante le centre sera pour le listel : en portant une de ces parties sur l'autre portion de cercle de la section que l'on divisera en deux, O servira de centre pour l'épaisseur de la tige qui va se rendre dans la caulicole ; le milieu de la face du pan coupé du tailloir X sera le centre pour la doucine & son filet ; la division de leur intervalle sera semblable à l'autre. Pour avoir la largeur des révolutions des mêmes volutes, il faut la tracer de face à l'à-plomb de leurs axes, comme on le voit sur le dessein ; mais avant que de les tracer, il faut en déterminer la hauteur, qui est de six parties pour les grandes ; les petites, qui sont assujetties au-dessous de la levre du vase du chapiteau, ont les deux tiers des grandes en hauteur ou quatre parties ; la levre en a deux ou le tiers de la hauteur des grandes.

Pour faire mieux connoître le développement de ces volutes, on les a dessiné au double du plan sur la même planche en se servant pour les tracer de la même méthode que les Ioniques, sinon qu'il y a une révolution de moins. Pour tracer la grande volute, il faut diviser la hauteur de Q à P en six parties, l'œil en aura une : on partagera la diagonale du même œil en quatre parties, qui seront les points du premier trait des révolutions ; le second sera pour le quart de rond des deux tiers d'une partie, & on mettra les centres en dedans de ceux du premier trait, comme il a été expliqué ci-devant. Le troisieme, qui est le listel, aura un sixieme de partie. Pour tracer les lignes qui viennent se réunir dans les caulicoles, on abaissera la perpendiculaire du premier point de centre, & l'on mettra une partie en dessous de S, dessus des secondes feuilles du chapiteau, en R, que l'on divisera en trois, & ces différens points serviront pour en tracer tous les cercles.

La même opération servira pour tracer les petites volutes, à la réserve de la tige qui descend dans les caulicoles, qui sera en portion d'ovale, des points &, Y, Z, marqués sur la planche ; on les dessinera en petit vis-à-vis de ceux qui sont en plan, & les lignes ponctuées qui sont tracées, font voir sensiblement toutes les opérations qu'il est besoin de faire pour les dessiner avec exactitude.

Les volutes, tant de face que de profil, sont dessinées à plomb du plan, dénuées des caulicoles, pour en mieux faire connoître la structure : on a aussi dessiné les grandes par la face du pan du tailloir.

On a joint encore la coupe d'une grande volute sur la ligne du milieu à plomb pour en détailler les moulures, & pour faire voir les saillies des révolutions. Tous ces détails mettront à portée de pouvoir dessiner & modeler les volutes de ce chapiteau avec la plus grande précision.

ARTICLE V.

Du chapiteau Corinthien, vu d'angle.

LE chapiteau Corinthien a en hauteur un diametre & un sixieme. Il est composé de deux rangs de feuilles, chacun d'un tiers de diametre de hauteur & de huit caulicoles, dans lesquelles les huit grandes & les huit petites volutes prennent naissance : elles ont en hauteur, depuis le dessus du second rang de feuilles jusques dessous le tailloir, un tiers de diametre ; le tailloir en a un sixieme. Les deux rangs de feuilles sont composés chacun de huit : celles du second rang répondent au milieu des quatre faces & des quatre angles du tailloir, elles répondent encore à huit milieux des vingt-quatre cannelures de la colonne ; celles

du premier rang font placées au milieu de l'intervalle des
fecondes ; au-deffous font placées les tigettes d'où fortent les
caulicoles & les volutes ; leurs milieux, tant des feuilles que des
tigettes, repondent à huit côtés des cannelures de la colonne.
La diftribution des volutes a été expliquée ci-devant.

Pour tracer le plan de ce chapiteau, on fe fervira des opérations
qui ont été expliquées dans l'article précédent pour les volutes
& le tailloir; les feuilles fe traceront en donnant en faillie au
premier rang fur le nud du petit diametre de la colonne trois
parties & demie, & fept au fecond rang. Pour trouver leur place
en plan, on divifera le pourtour de la même colonne en huit,
partant du milieu ou des grandes feuilles, & l'on partagera
chacune de ces parties en deux pour le milieu des petites feuilles
& des tigettes des caulicoles. Toutes ces parties placées en plan
donneront la facilité de les élever. Les revers des feuilles en
élévation auront le quart de leur hauteur; les feuilles fortant des
caulicoles auront la moitié de l'intervalle du fecond rang de
feuilles aux volutes ; ces feuilles prendront un peu fur la hauteur
des volutes, pour les mieux accompagner. Tous les autres détails
de ce chapiteau ont été expliqués à l'article précédent.

Il ne refte plus qu'à donner les proportions des tigettes des
caulicoles, que l'on a deffiné plus en grand pour en marquer
plus fenfiblement les formes : on les a cotté des parties du
diametre : on traitera la doucine en feuilles de refend, la baguette
en olive, & on fera trois canaux dans le vafe de la tigette.

Afin de ne rien omettre de ce qui peut fervir à faire connoître
toutes les parties de ce chapiteau, on en a mis la moitié vu
d'angle en coupe, pour faire voir de quelle maniere il faut évuider
le derriere des volutes pour les rendre légeres fans en altérer la
folidité.

ARTICLE VI.

De l'entablement Corinthien.

Cet entablement a deux diametres de hauteur ainsi que les précédens. On le divisera comme les autres en dix parties égales ; trois seront pour l'architrave, trois pour la frise , & les quatre autres pour la corniche , dont la saillie est égale à la hauteur : celle de l'architrave est le quart de sa hauteur; toutes les moulures de cette architrave seront garnies de différens ornemens. Dans la corniche on taillera le talon sur la frise , le quart de rond, le talon qui couronne les modillons , & le cavet sous la cimaise. Les modillons seront aussi taillés en volutes à chaque bout, avec une feuille d'olivier qui garnira le dessous : on sculptera des roses dans les caisses entre les modillons.

Le chapiteau sera des proportions expliquées aux deux articles précédens , en observant de l'élever très-exactement de dessus le plan en le retournant de face : les feuilles qui en font le plus bel ornement, tant grandes que petites , & même celles des caulicoles, sont d'olivier.

ARTICLE VII.

Du plan du plafond de cette corniche , des feuilles du chapiteau , des modillons & autres détails de l'Ordre Corinthien.

Le plan du sophite de la corniche de l'Ordre Corinthien est détaillé sur cette planche avec les mêmes ornemens qui font sur la planche précédente. On a fait plus en grand la face & le côté d'un modillon & d'une caisse du plafond qui n'ont pas pu être exprimés à l'entablement, ce qui donne la facilité d'en former plus sensiblement les détails.

Sur la même planche on a deſſiné une grande feuille & deux petites du chapiteau de colonne, au double de celles qui ſont ſur les planches précédentes, afin que les détails en ſoient plus ſenſibles aux éleves : on y a mis auſſi le profil de la même grande feuille & d'une petite. Ces détails ſont en feuilles d'olivier.

ARTICLE VIII.

Du chapiteau de pilaſtre Corinthien , & du ſophite de l'architrave.

LE chapiteau de pilaſtre Corinthien ne différe de celui de colonne que par le quarré de pilaſtre, toutes les hauteurs ſont ſemblables les feuilles , ainſi que les tigettes , caulicoles & volutes ſont auſſi entierement ſemblables. Toute la différence entre ce chapiteau & celui de la colonne conſiſte en ce que les revers , tant des grandes feuilles que des petites, ont moins de ſaillie. Celles du premier rang ont deux parties & demie , & celles du ſecond cinq. La levre du bas eſt circulaire en plan , mais le centre de chacune des faces eſt au nud de la face oppoſée du pilaſtre, & porte la même ſaillie dans ſon milieu qu'à celui de colonne. Les centres, pour tracer le plan des volutes, ſont auſſi différens ; mais en ſuivant le même principe, on ne peut pas errer. On trouvera tous ces détails, tant dans le plan que dans la face & la coupe de ce chapiteau. Pour tracer les cannelures des pilaſtres , on ſe ſervira de l'opération qui a été expliquée à celui de l'Ordre Ionique, la quantité étant ſemblablement de ſept par face : on la diviſera en trente parties ; les côtes des angles en auront une & demie , les autres chacune une, & les cannelures trois.

Le ſophite de l'architrave eſt établi comme les précédens ſur le ſixtyle , il eſt compoſé de moulures & d'ornemens analogues à l'Ordre , c'eſt-à-dire très-riches : ce ſont des grands & des petits ronds entrelaſſés de roſes taillées dans les grands , & de bou ons dans les petits, avec des culs-de-lampes & des fleurons des deux côtés de ces petits ronds. Les moulures qui entourent ce sophite seront taillées : toutes les dimensions en sont cottées.

CHAPITRE SIXIEME.

De l'Ordre Toscan.

L'ORDRE Toscan, le premier des Ordres Latins, doit son origine à des peuples de Lydie, qui étant venus d'Asie en Italie pour peupler la Toscane, bâtirent les premiers édifices suivant cet Ordre, qui depuis fut appellé Ordre Toscan : on ne trouve aucun monument antique où il soit employé régulierement. Tous les auteurs qui en ont écrit, ont tiré ses proportions des écrits de Vitruve, les morceaux de l'antiquité qui nous restent de cet Ordre n'ayant pu nous en donner que de foibles idées.

On a fait quatre desseins pour expliquer l'Ordre Toscan. Sur le premier sont les proportions générales de cet Ordre avec l'entrecolonnement ; le second contient le portique ; le troisieme le piédestal avec les détails de la base de la colonne, l'imposte & l'archivolte ; & le quatrieme l'entablement détaillé, ainsi que le chapiteau. On suivra la même distribution pour les quatre articles de ce chapitre.

ARTICLE PREMIER.

Des proportions générales de l'Ordre Toscan, & de son entrecolonnement.

L'ORDRE Toscan est le plus commode de tous les Ordres, par la facilité qu'il y a de pouvoir espacer plus ou moins les colonnes sans trouver d'obstacles, vu que l'entablement n'a aucun ornement de sujétion qui détermine précisément les points où il faut se fixer pour leur écartement.

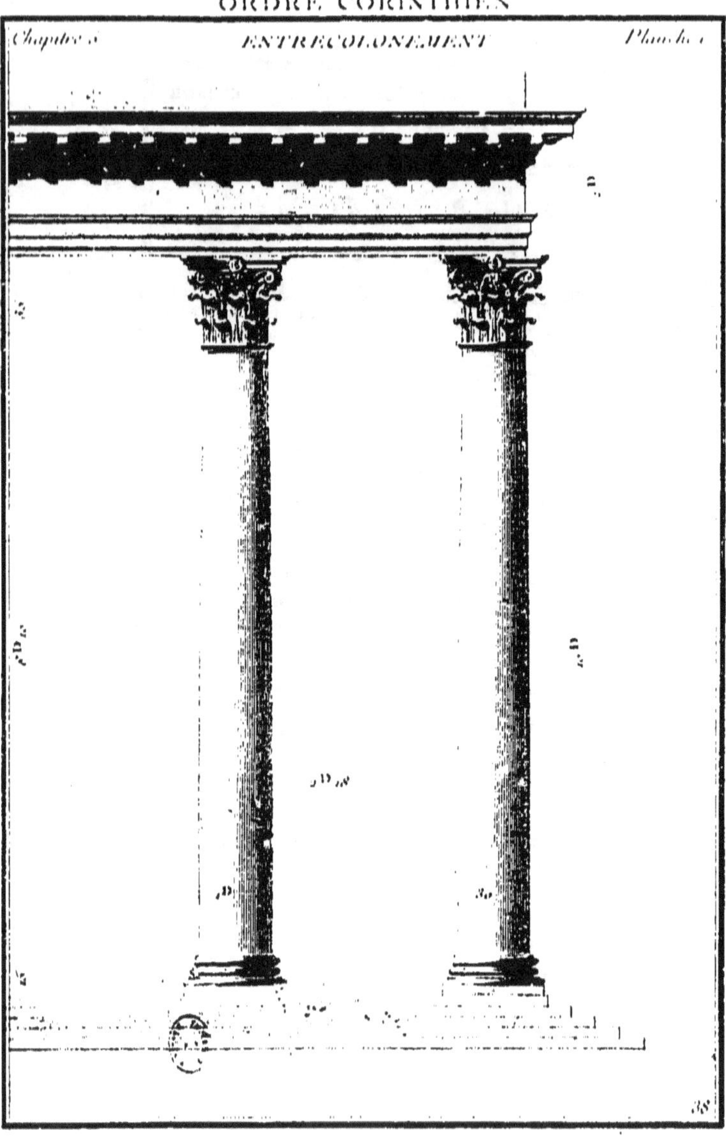

ORDRE CORINTHIEN
Chapitre 5
ENTRECOLONEMENT
Planche

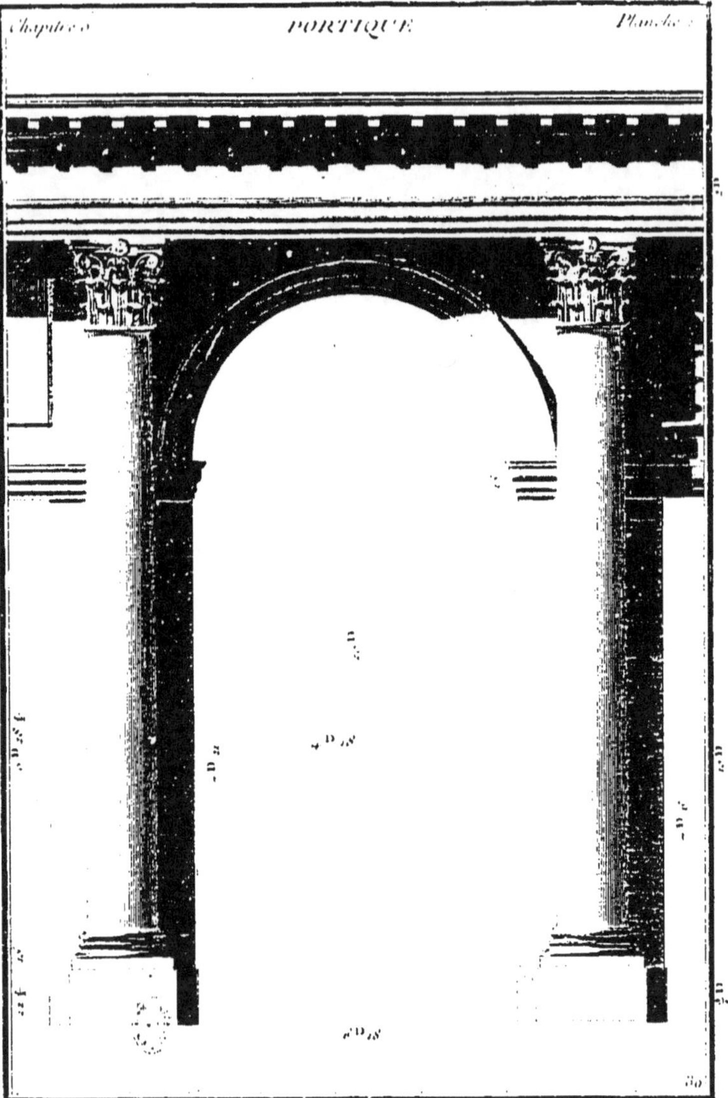
Chapitre 5
PORTIQUE
Planche

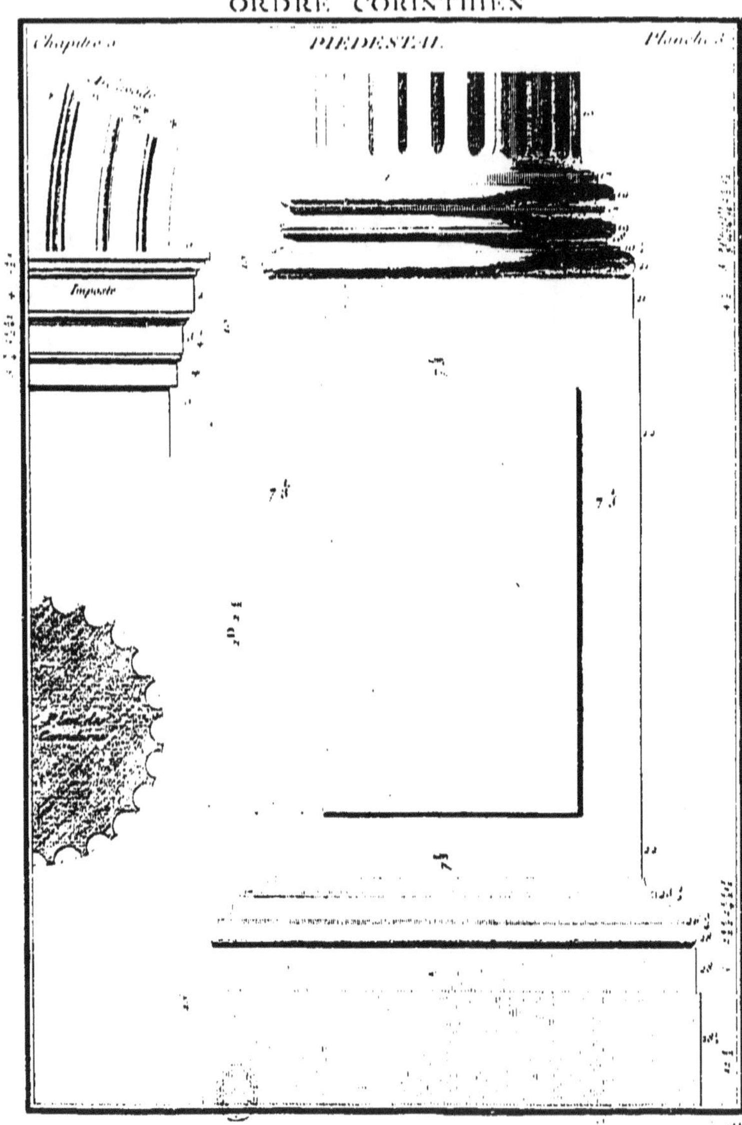

ORDRE CORINTHIEN
Chapitre 3
PIEDESTAL.
Planche 3
Imposte

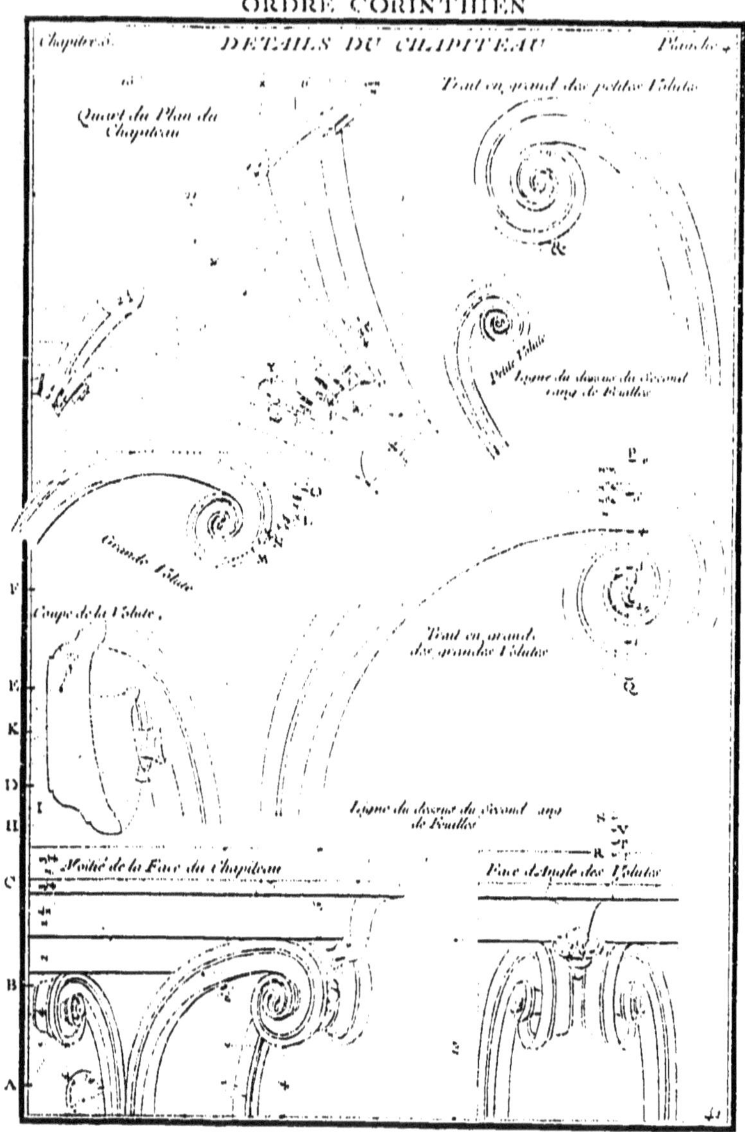
Chapitre 3
DÉTAILS DU CHAPITEAU
Planche 4
Quart du Plan du Chapiteau
Trait en grand des petites Volutes
Petite Volute
Ligne du dessus du second rang de feuilles
Grande Volute
Coupe de la Volute
Trait en grand des grandes Volutes
Ligne du dessus du second rang de feuilles
Moitié de la Face du Chapiteau
Face d'Angle des Volutes
F
E
K
D
H
C
B
A

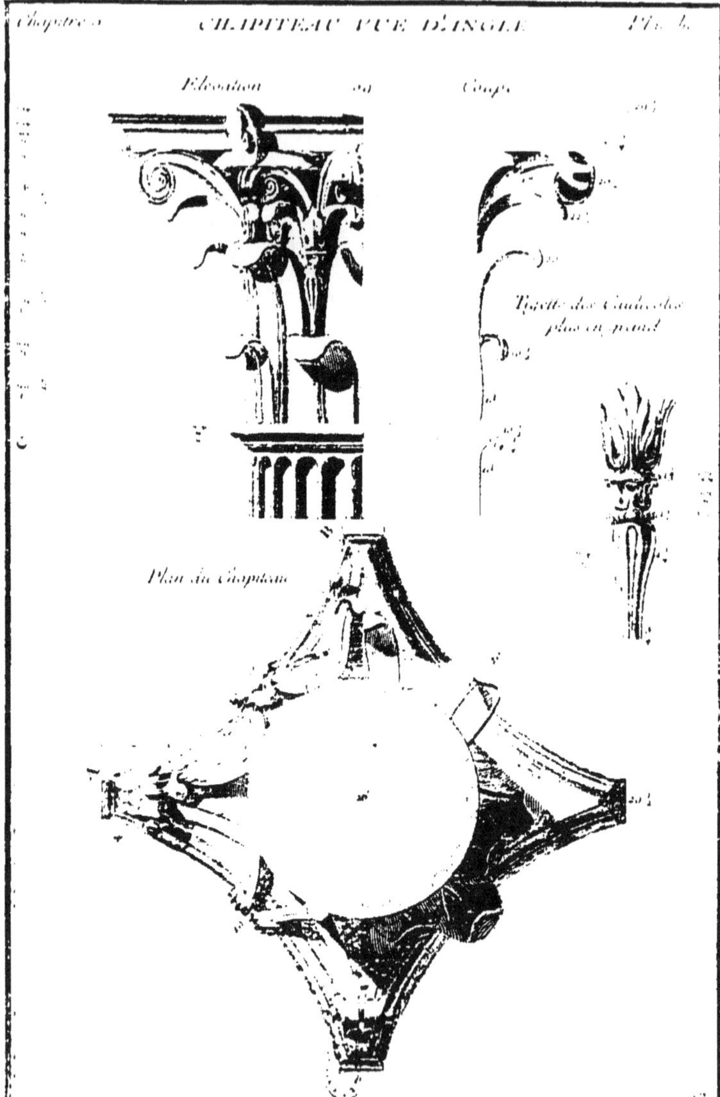
Chapiteaux
CHAPITEAU VUE D'ANGLE
Pl. 4.
Elévation
ou
Coupe
Rozette des Caulicoles
plus en grand
Plan du Chapiteau

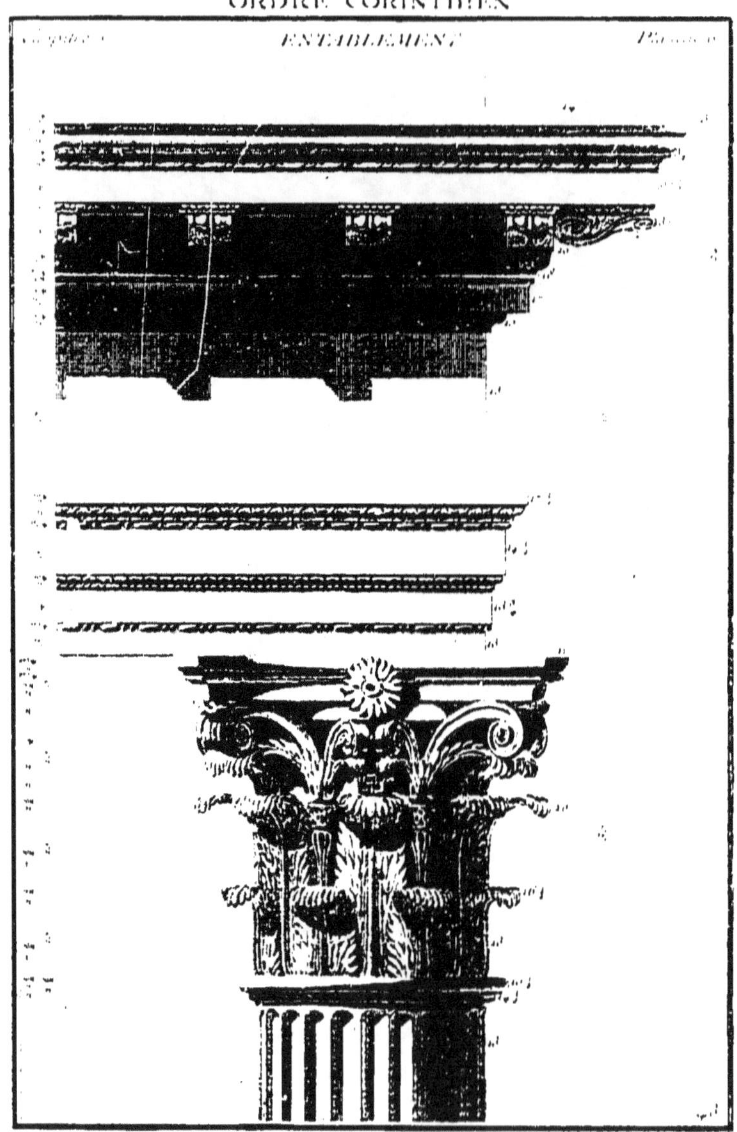
ENTABLEMENT

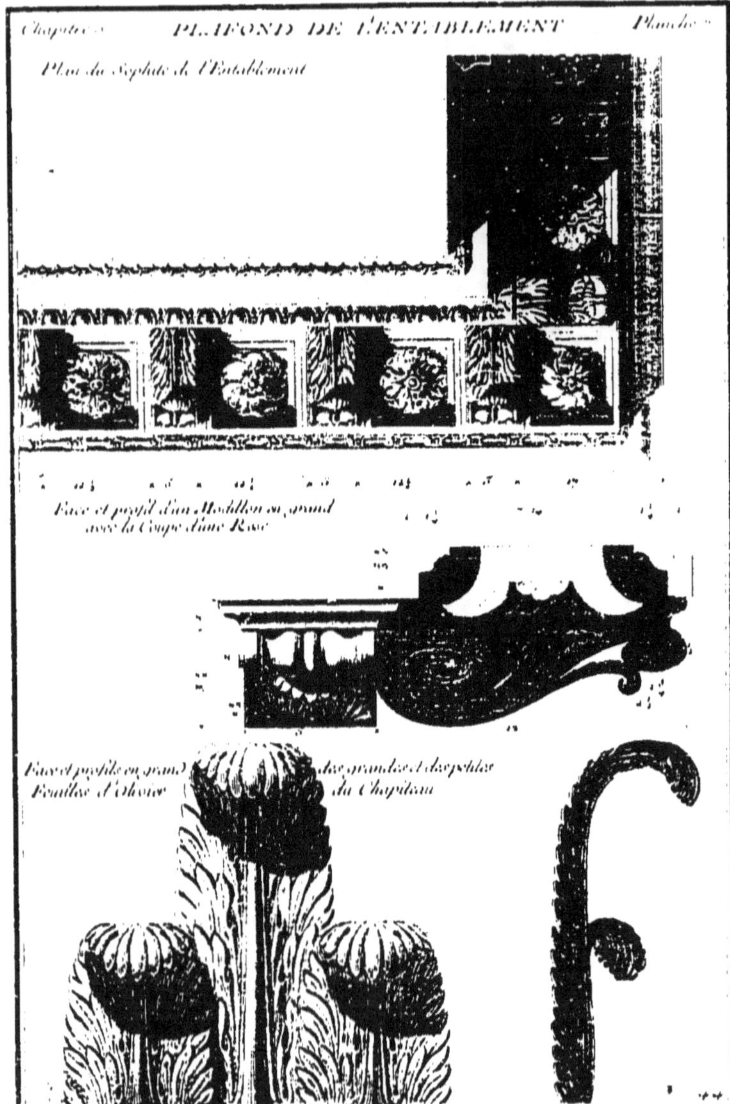
Chapitre
PLAFOND DE L'ENTABLEMENT
Planche
Plan du Sophite de l'Entablement
Face et profil d'un Modillon en grand
avec la Coupe d'une Rose
Face et profil en grand des grandes et des petites
Feuilles d'Olivier du Chapiteau

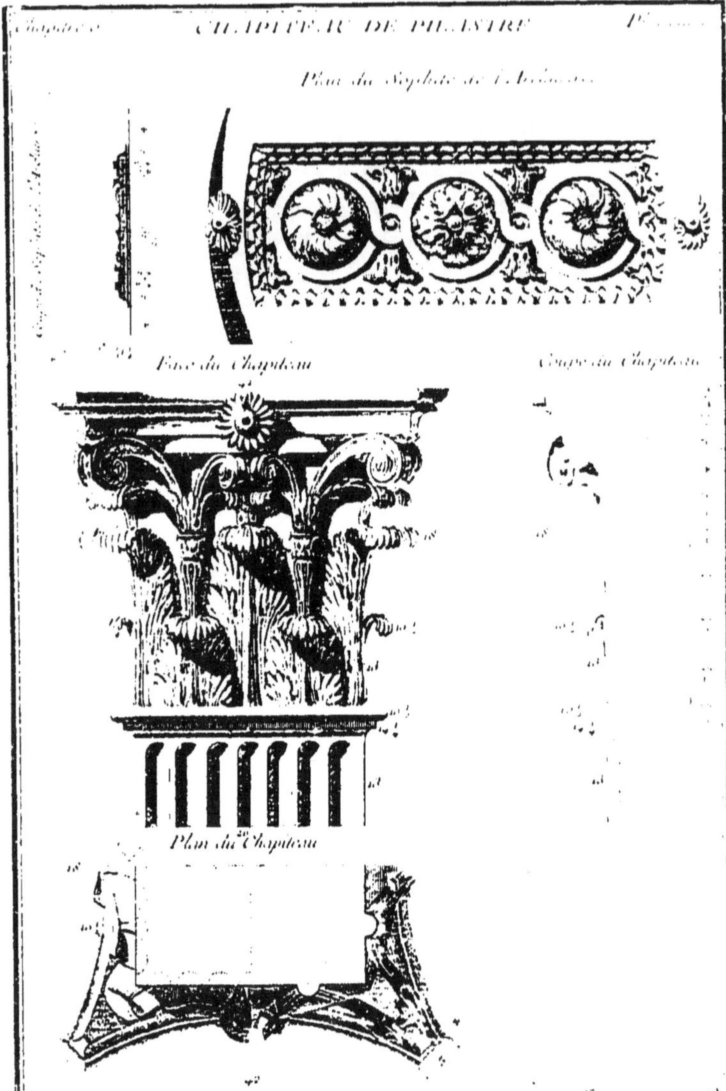
CHAPITEAU DE PILASTRE
Plan du Sophite de l'Abaque
Face du Chapiteau
Coupe du Chapiteau
Plan du Chapiteau

Nous avons déja vu que la colonne Toscane doit avoir sept diametres, & l'entablement deux, lequel est composé de trois parties ; savoir de l'architrave, la frise & la corniche. La totalité de cette hauteur se divisera en dix, ainsi qu'il est expliqué aux Ordres Grecs : trois seront pour l'architrave, trois pour la frise, & les quatre autres pour la corniche.

La base & le chapiteau auront chacun un demi-diametre de hauteur, qui fait la quatorzieme partie de la hauteur de la colonne.

Les colonnes de cet entrecolonnement tiendront le milieu entre le diastyle & l'areostyle, c'est-à-dire qu'elles seront espacées de trois diametres & demi.

Les autres détails seront expliqués sur le troisieme & le quatrieme dessein de ce chapitre

---

ARTICLE II.

Du portique Toscan & de sa proportion.

Pour former ce portique, nous éleverons nos colonnes sur un socle de trois quarts de diametre de hauteur, & elles auront les mêmes proportions qu'on vient d'expliquer. On donnera cinq diametres trois quarts d'axe en axe des colonnes : les piliers ou piédroits des arcades auront deux diametres de largeur. On donnera à l'arcade trois diametres trois quarts de large sur sept de hauteur, ce qui fait un peu moins du double : cette proportion deviendra plus lourde que celle que nous avons donnée à la Dorique. Le dessus de l'imposte, qui est à la hauteur du centre de l'archivolte, sera élevé de terre de cinq diametres trois parties trois quarts ; l'imposte & l'archivolte auront chacun un demi-diametre. Les détails particuliers de ces deux parties se trouveront sur la troisieme planche de ce chapitre.

ARTICLE III.

Détails du piédeſtal, de la baſe de la colonne, de l'impoſte
& archivolte de l'Ordre Toſcan.

Il a été dit au deuxieme chapitre, en parlant des piédeſtaux, que leur hauteur ſeroit du tiers de la hauteur de la colonne, mais nous en ſupprimons la corniche pour les raiſons ci-devant dites ; ainſi nous n'en employons que la baſe & le dez, qui ne font enſemble que les ſept huitiemes du tiers de la colonne. De ces ſept parties, cinq ſont pour le dez & deux pour la baſe, ce qui fait en totalité deux diametres une partie & un quart.

La baſe de la colonne eſt d'un demi-diametre de hauteur, ainſi qu'il vient d'être expliqué ; & les détails, tant de la diviſion des moulures que de leurs ſaillies, ſont cottés.

On fera ſaillir le nud du dez du piédeſtal de la valeur d'une partie, afin qu'il ſerve comme de ſocle pour porter les baſes des colonnes, ainſi qu'il a été expliqué ci-devant.

L'impoſte & l'archivolte, dont nous avons fixé la largeur à l'article précédent d'un demi-diametre chacun, ſont détaillés ſur ce deſſein ; mais l'archivolte a moins de ſaillie que l'impoſte de ce que la premiere face du même impoſte couronne ſur l'alette de l'arcade.

ARTICLE IV.

De l'entablement & du chapiteau de l'Ordre Toſcan.

A l'article premier de ce chapitre il a été dit que l'entablement avoit en hauteur deux diametres du bas de la colonne ; que toute ſa hauteur ſe diviſoit en dix ; que l'on en donnoit trois à l'architrave, trois à la friſe, & les quatre autres à la corniche ; ce qui fait dix-huit parties pour l'architrave, autant pour la friſe, & vingt-quatre

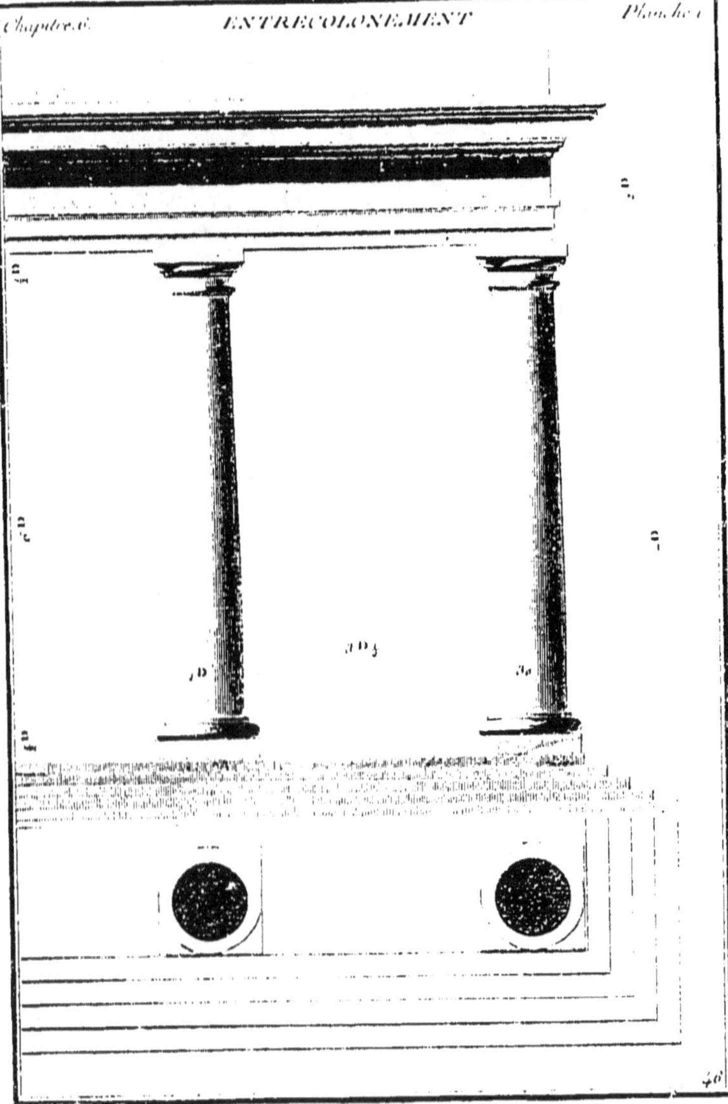

ORDRE TOSCAN
Chapitre VI.
ENTRECOLONEMENT
Planche I
46

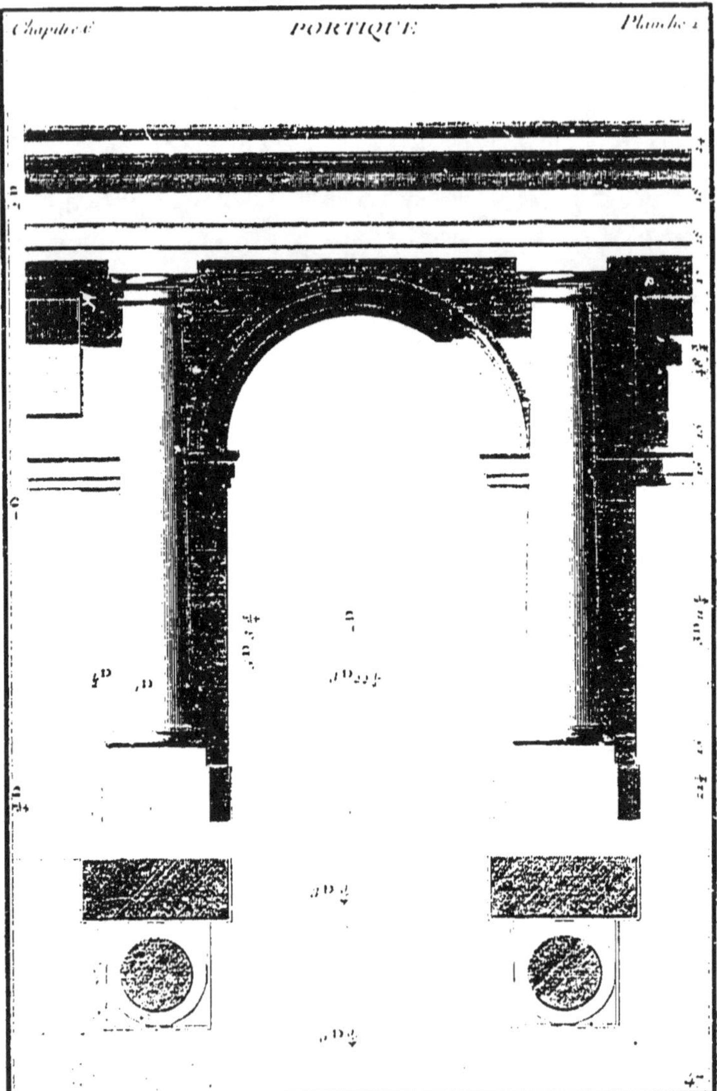

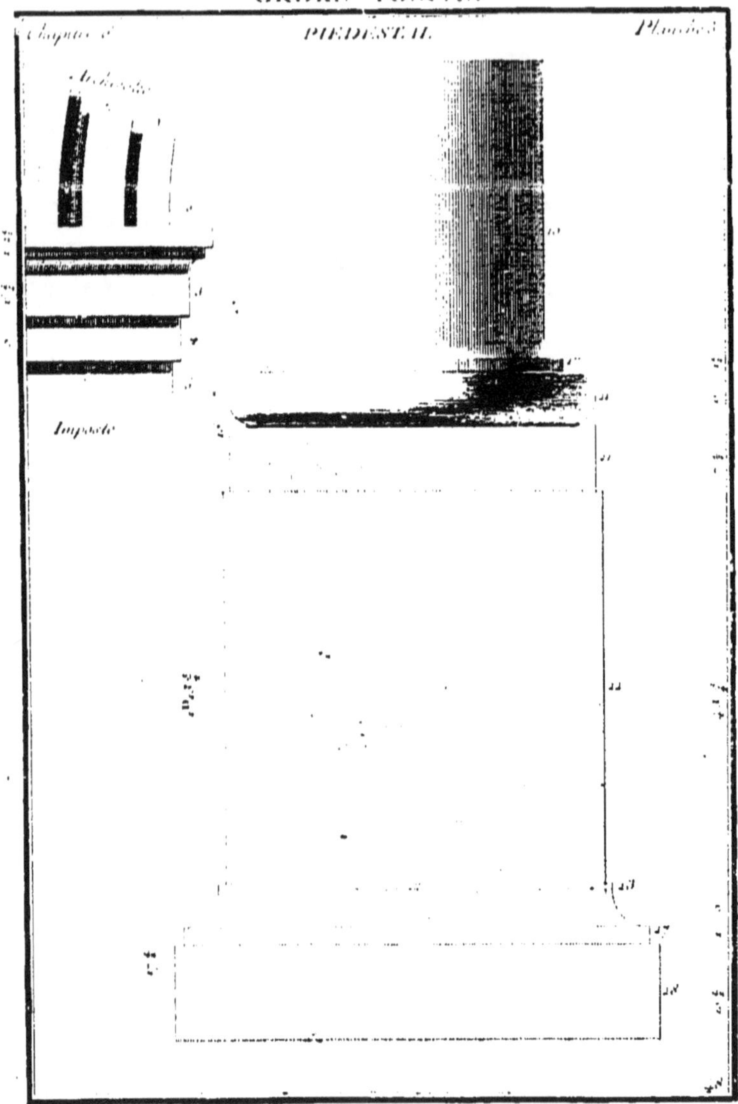
Chapiteau
PIEDESTAL.
Planche 3
Architrave
Imposte

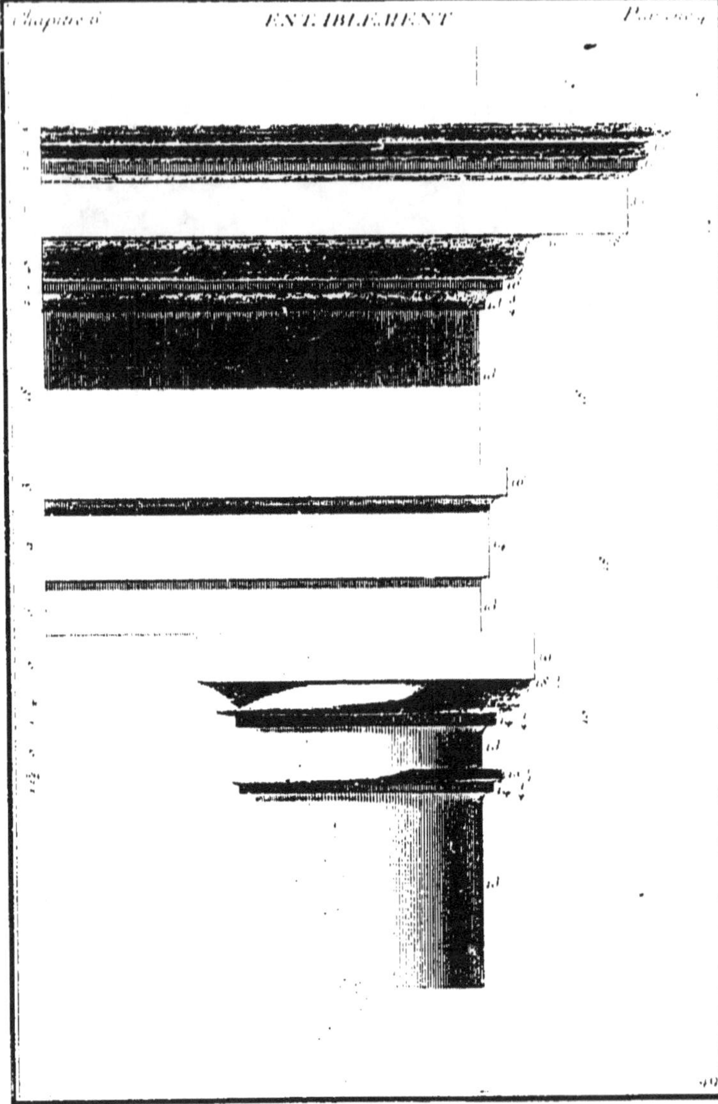

pour la corniche, & en tout deux diametres, faifant foixante parties, dont les détails font cottés. La faillie de la corniche fera égale à fa hauteur, ainfi qu'il a été déja expliqué dans les Ordres Grecs.

Le chapiteau a un demi-diametre en hauteur, comme il a été dit dans le premier article, fans y comprendre l'aftragale, qui dépend du fût de la colonne : le tout eft cotté, ainfi que l'entablement.

CHAPITRE SEPTIEME.

De l'Ordre Compofite & de fon origine.

L'ORDRE Compofite, le fecond & le dernier des Latins, fut inventé par les Romains, qui après avoir fait la conquête de Jerufalem, voulurent marquer leur génie, en élevant à Titus un arc de triomphe d'un Ordre nouveau, & ils fe contenterent pour le moment de lui donner tous les attributs & les proportions de l'Ordre Corinthien; ils ne firent de changement qu'au chapiteau, qui eft compofé de l'Ionique & du Corinthien, avec la proportion de ce dernier pour la hauteur.

Plufieurs auteurs modernes lui ont donné un entablement différent, dont les parties ont été tirées des antiquités Romaines, dans lefquelles l'Ordre Compofite avoit été employé fur le Corinthien. Tous ces changemens ne lui ont point donné un caractere diftinctif, & en effet il ne peut être regardé que comme une compofition de deux Ordres, dont il a emprunté les attributs dans fon chapiteau : compofition bien inférieure à celle de ces deux Ordres originaires, foit pour le chapiteau, foit pour les proportions ; nous pouvons le dire d'après les Romains mêmes qui ont toujours affecté de ne le jamais lier avec les Ordres Grecs dans un même édifice. En effet il ne peut être employé ni deſſus ni deſſous le Corinthien, par le trop de reſſemblance qu'il a avec lui, tant dans ſes proportions que dans ſa compoſition.

Les Romains, comme nous venons de le dire, adaptoient l'entablement Corinthien deſſus ce chapiteau, & quelquefois l'Ionique. Pluſieurs auteurs modernes ont auſſi placé l'entablement Ionique ſur ce chapiteau ; mais d'autres lui ont donné celui du frontiſpice de Néron, qui lui convient mieux en ce qu'il differe plus ſenſiblement de ceux des quatre Ordres qui le précedent. C'eſt celui que nous ſuivrons ; il eſt compoſé d'un mutule double dans ſa corniche, qui lui donne plus de légéreté que celle de l'Ionique, & le rend plus lourd que le Corinthien, & qui lui fait tenir un juſte milieu dans ſa corniche, comme dans ſon chapiteau.

ARTICLE PREMIER.

De l'entrecolonnement Compoſite.

L'ESPACEMENT des colonnes de cet entrecolonnement ſera aſſujetti à la diſtribution des mutules, & doit tenir le milieu entre l'Ionique & le Corinthien ; il y aura du milieu d'une colonne à l'autre trois diametres vingt-deux parties, ce qui eſt plus eſpacé que l'euſtyle de ſept parties. Quoique le nombre des mutules ſoit différent dans cet Ordre que dans l'Ionique, il ſe rencontre que l'eſpacement eſt le même que celui qui lui a été donné, de ſorte qu'il emprunte ſon eſpacement de l'Ordre Ionique, & la proportion des colonnes du Corinthien. Les colonnes de cet Ordre ayant dix diametres, l'entablement en aura deux, les baſes un demi, & le chapiteau un diametre & un ſixieme, comme à celui duquel il emprunte les proportions.

ARTICLE II.

Du portique Composite.

L'ENTABLEMENT & les colonnes de ce portique sont des mêmes proportions qu'on vient d'expliquer, mais elles sont élevées sur un socle de trois quarts de diametre, tel que ceux des Ordres précédens. Les colonnes auront de distance du milieu de l'une à l'autre six diametres vingt-six parties, ce qui donne treize mutules de milieu à milieu de colonne. Les piédroits au derriere des colonnes auront chacun deux diametres quatre parties, afin que l'arcade n'ait d'ouverture que quatre diametres vingt-quatre parties sur dix diametres de hauteur, ce qui fera douze parties en hauteur de plus que le double ; le dessus des impostes sera placé à sept diametres dix-huit parties, ce qui est aussi la hauteur du centre de l'archivolte. L'imposte & l'archivolte seront d'un demi-diametre chacun. Leurs détails sont à l'article suivant.

On a fait à ce portique, comme aux autres, les naissances de deux portes, dont la hauteur est déterminée au-dessous de l'imposte ; elles y sont placées pour les raisons qui ont été expliquées aux autres chapitres.

ARTICLE III.

Du piédestal, de la base de la colonne, de l'imposte, de l'archivolte,
& du plan des cannelures de l'Ordre Composite.

NOUS avons dit dans le chapitre précédent que nous établirions nos piédestaux aux sept huitiemes du tiers de la hauteur de la colonne, afin d'en supprimer la corniche, qui devient inutile pour les raisons déjà expliquées. Ces sept huitiemes reviennent aux sept vingt-quatriemes de la hauteur totale de la colonne, ce qui fait deux diametres vingt-sept parties & demie. La base a deux de ces septiemes, & les cinq autres sont pour le dez.

La base de la colonne est d'un demi-diametre de hauteur, sans y comprendre le listel, qui dépend de la colonne & lui sert de ceinture. Sa saillie sera, comme aux autres, d'un cinquieme de chaque côté. L'imposte & l'archivolte seront de même profil, & auront en hauteur un demi-diametre chacun, ainsi qu'il vient d'être dit à l'article précédent. La saillie de l'imposte sera du tiers de sa hauteur, mais celle de l'archivolte sera moins confidérable, de ce que la premiere face (qui, à l'archivolte, est au nud de l'alette) est en saillie à l'imposte, ainsi qu'il a été dit aux Ordres précédens.

Les cannelures de cet Ordre sont semblables à celles des Ordres Ionique & Corinthien, tant en nombre qu'en grandeur, & l'on se servira des mêmes opérations pour les tracer.

ARTICLE IV.

Du développement de la volute du chapiteau Composite.

Pour faciliter aux étudians la connoissance parfaite des volutes de ce chapiteau, on l'a tracé sur tous les sens possibles, & méthodiquement.

On a commencé par le trait simple de la volute, dont les opérations font les mêmes qu'à la nouvelle méthode proposée à l'Ordre Ionique, avec la différence seulement que sa révolution monte dans le tailloir de celui-ci pour prendre sa naissance sur l'ove.

Pour opérer ce changement, on observera qu'après avoir commencé la volute du dessous du tailloir, comme il est désigné par la ligne ponctuée, parce que c'est cette hauteur qui déterminera l'opération expliquée à l'Ordre Ionique : il faut partager cette hauteur déterminée depuis le dessous du tailloir jusqu'au deſſus du ſecond rang de feuilles, qui eſt d'un tiers de diametre, en huit parties, dont une ſera l'œil, en laiſſant quatre deſſus & trois deſſous. On tirera la diagonale du même œil, & on le partagera en ſix, ainſi qu'il eſt expliqué à la volute Ionique, pour le tracer de même ; il n'y a que ce dont la révolution anticipe ſur le tailloir, qu'il eſt néceſſaire d'expliquer. Pour le déterminer, on tracera une ligne à plomb A B à la diſtance d'une partie & demie de la cathete de cette volute ; des diviſions premieres on tirera une ligne de niveau à la hauteur du premier point de centre de la même volute, & le point de rencontre C des ces deux dernieres lignes ſera le point de centre pour le quart de cercle qui monte dans le tailloir ; le point B du bas de la volute ſur la ligne à plomb qui vient d'être tirée, ſera le centre de la portion de cercle qui vient retomber ſur l'ove.

Pour tracer les deux autres révolutions de cette volute, on a tracé plus en grand l'œil & les triangles qui déterminent les centres, afin de les rendre plus ſenſibles : on commencera par le triangle iſoſcelle D E F, dont les côtés D E & D F ſeront égaux. La baſe F E ſera partagée en deux au point G, pour former le triangle F G H : le point H eſt déterminé par le bas de la volute. On partagera la diſtance F G en deux au point I ; on partagera de nouveau la diſtance I F en deux au point K, & la diſtance K F en trois ; une de ces diviſions ſera le point L. De ces points on tirera des lignes paralleles à la ligne à plomb F H : où elles rencontreront le côté du triangle H G, ce ſeront les points de centre M, N, O. Ces points détermineront ceux qui ſont néceſſaires pour les révolutions de la partie qui monte dans le tailloir. Tout le reſte eſt ſemblable à la volute Ionique.

Le plan du tailloir de ce chapiteau eſt ſemblable à celui du Corinthien : on en a fait un quart pour tracer celui des volutes, dont le reculement, d'après le plan coupé du tailloir, eſt d'un ſixieme de diametre ou cinq parties, & la diſtance de leurs faces eſt de quatre parties. On a deſſiné la volute vis-à-vis du plan, pour déterminer leurs révolutions l'une ſur l'autre en ſaillie d'une demi-partie : les faillies de toutes les moulures du deffus du vafe feront cottées & tracées des points de centre P, Q, R, T.

On a fait une coupe d'une de ces volutes fur la hauteur, pour faire connoitre le refouillement des moulures & des révolutions.

On a auffi deffiné fur la même planche ces volutes de face & d'angle : par tous ces développemens il fera facile de connoitre parfaitement les parties du chapiteau avant que de le deffiner en entier, ce que l'on verra fur la planche fuivante.

ARTICLE V.

Du chapiteau Compofite vu d'anglé, tant en plan qu'en élevation, & de fa coupe.

Le plan de ce chapiteau étant établi fur les proportions qui ont été données à l'article précédent pour la partie des volutes & du tailloir, les feuilles feront placées comme dans celui du chapiteau Corinthien ; elles font de même grandeur & de même forme, ainfi que les cannelures. Nous n'avons donc pas à nous étendre davantage fur ce plan, ce ne feroit qu'une répétition de ce qui a déja été dit ci-devant.

Nous n'avons élevé que la moitié de la face angulaire de ce chapiteau, pour avoir occafion d'en donner la coupe comme aux deux précédens, ce qui donne plus d'inftruction pour les parties à évuider, afin de le rendre auffi léger qu'il le peut être en confervant fa folidité.

Sa hauteur fera, comme il a été dit ci-devant, d'un diametre un fixieme ; l'ayant divifé en fept parties, deux feront pour le premier rang de feuilles, deux pour le fecond, deux pour les volutes . qui acquéreront plus de hauteur de ce dont elles anticipent fur le tailloir, & une pour le tailloir. Toutes les autres dimenfions de ce chapiteau font cottées, & ont déja été expliquées fur les autres deffeins.

On a deffiné plus en grand la tigette & le fleuron qui garnit les intervalles des fecondes feuilles & le vuide du deffus.

ARTICLE VI.

De l'entablement de l'Ordre Compofite , & de fon chapiteau vu de face.

L'ENTABLEMENT Compofite fe conftruit fur les mêmes mefures générales que ceux des quatre autres Ordres ; il a en totalité deux diametres, que l'on divifera en dix parties. L'architrave en aura trois, la frife trois , & la corniche les quatre autres. Sa faillie fera égale à fa hauteur. Toutes les moulures en font cottées, tant pour la corniche que pour l'architrave , ainfi que la diftribution des mutules doubles ou des modillons fimples avec leurs ornemens.

Le chapiteau , qui eft deffiné de face , fera des mêmes dimenfions que ceux qui ont été détaillés dans les deux articles précédens ; mais comme les feuilles n'y font qu'en maffe, il eft bon de dire qu'ils font en feuilles de perfil, dont on donnera des détails plus en grand à l'article fuivant. Le quart de rond de ce chapiteau fera taillé en ove, & la baguette en groffes & petites perles.

On a taillé dans l'architrave le talon entre les deux faces , la baguette, le quart de rond & le cavet ; dans la corniche le quart de rond du deffous des mutules, le talon, la baguette, le cavet des mutules , & le quart de rond fous la cimaife. Le plafond fous le larmier fera auffi décoré , mais nous en donnerons les détails à l'article fuivant, ainfi que les cottes qui n'ont pas pu être mifes ici.

ARTICLE VII.

Du plafond de la corniche Composite, avec le détail des mutules plus en grand, des roses de ce plafond, & des feuilles du chapiteau.

LES dimensions de la corniche de l'Ordre Composite ont été expliquées à l'article précédent. Comme la distribution du plafond est la même que les saillies des moulures, nous n'avons à expliquer que les parties du sophite qui ne se peuvent voir dans la face de l'entablement; l'on a fait au double de ce plan la face & le côté des mutules, avec les détails du plafond pour en faire sentir les mouvemens : ils sont cottés des parties du diametre. Moyennant ces précautions il ne restera rien en doute sur ces plafonds.

On a mis sur ce dessein les feuilles en grand du chapiteau, détaillées en feuilles de persil, pour en donner, tant de face que de profil, l'intelligence complette. Ces détails favoriseront l'étudiant qui y trouvera tous les moyens possibles de les dessiner avec netteté.

ARTICLE VIII.

Du chapiteau de pilastre de l'Ordre Composite, & du sophite de l'architrave.

POUR bien faire connoître le chapiteau de pilastre de l'Ordre Composite, on en a donné le plan, l'élevation de sa face, & sa coupe, qui sont tous établis sur les mêmes principes que ceux des colonnes. Son plan est semblable à celui du chapiteau de pilastre Corinthien. Quant aux formes générales, le tailloir est le même; mais la face des volutes qui, dans le chapiteau des colonnes, part du même centre que le contour de la face du

tailloir,

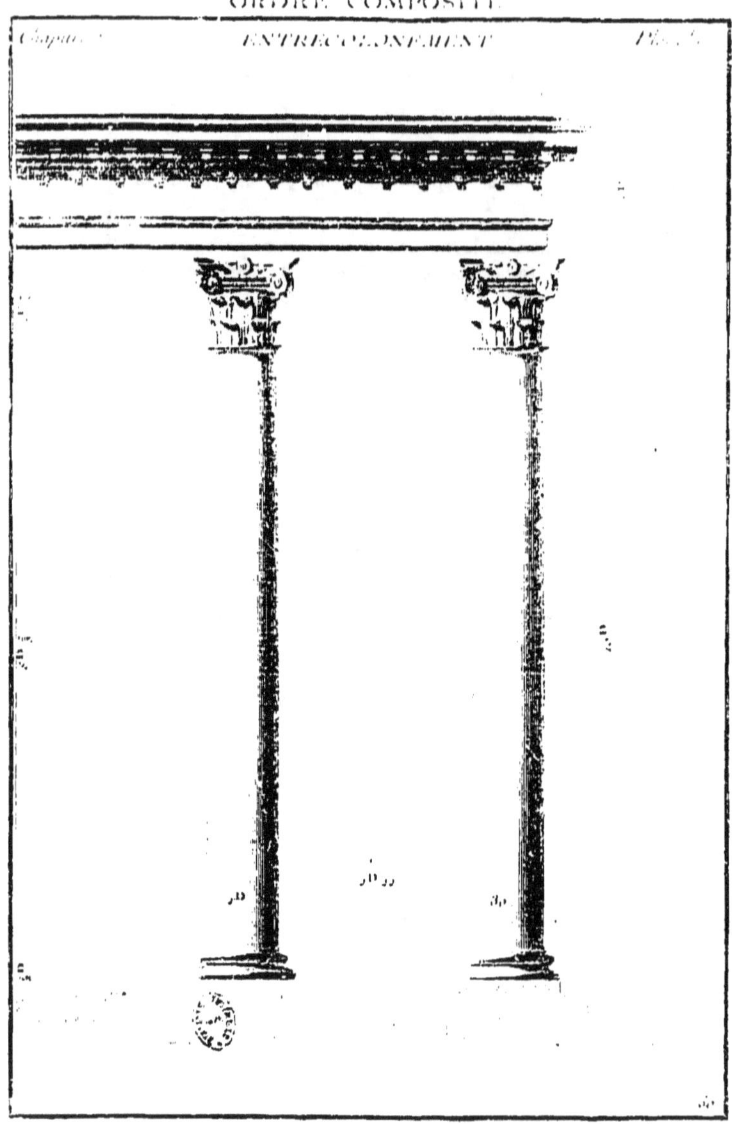

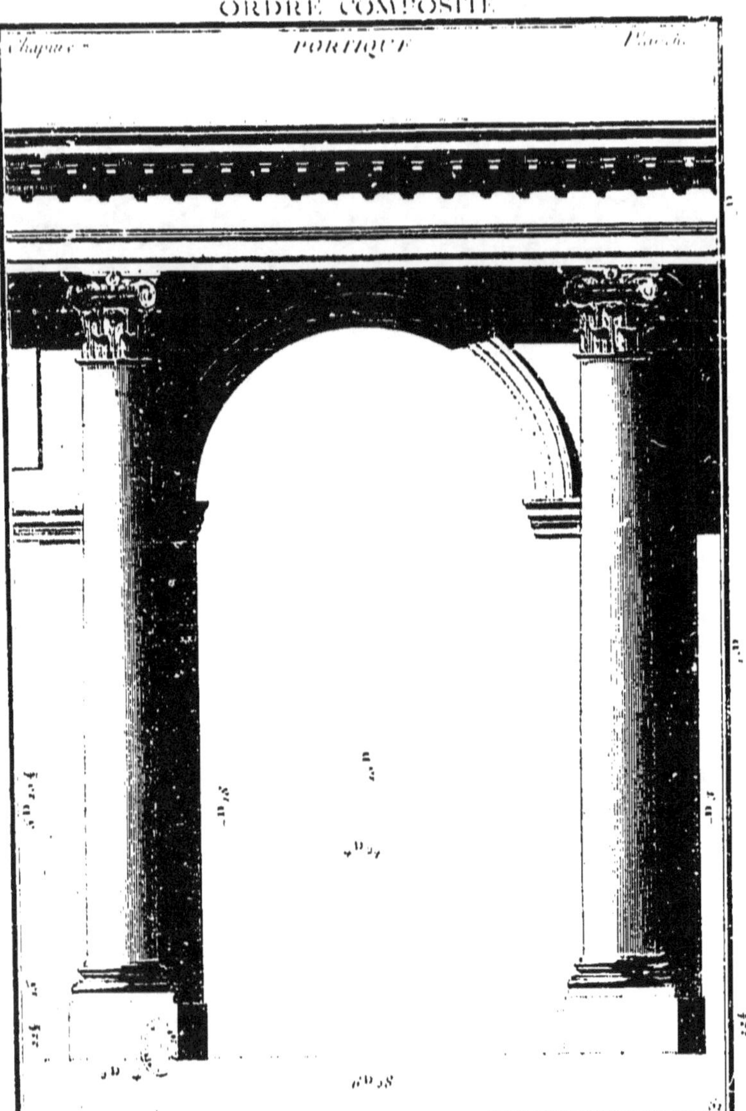

Chapiteau
PORTIQUE
Planche

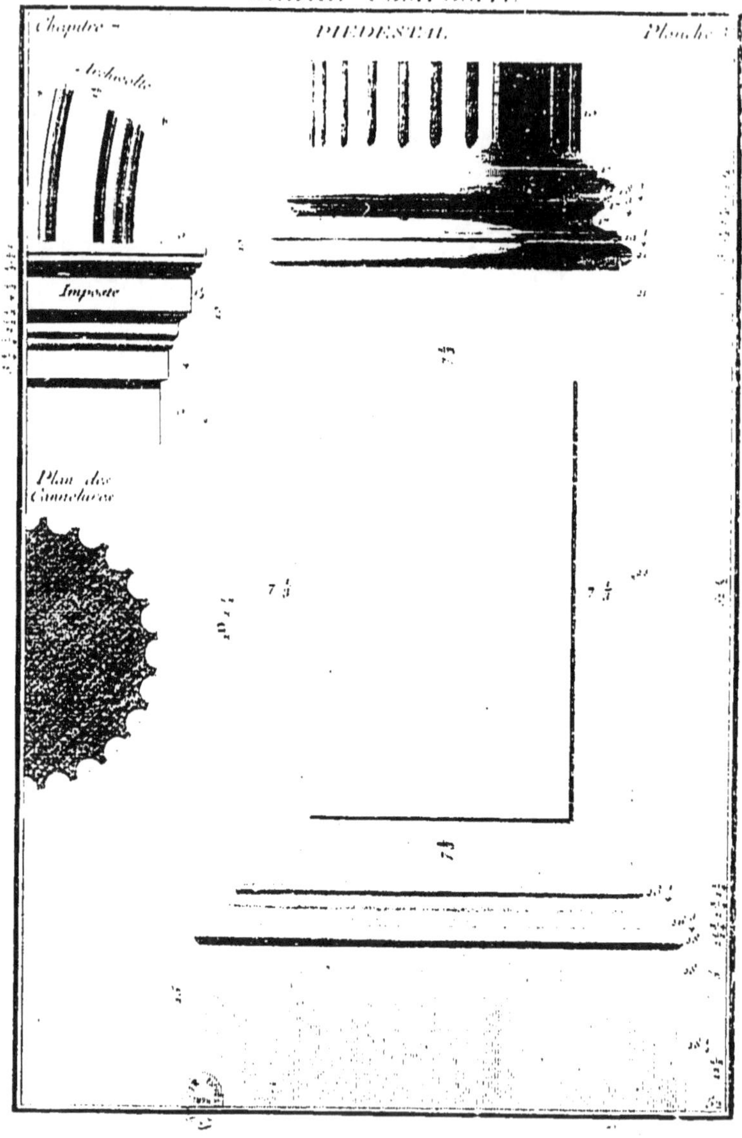
Chapitre
PIEDESTAL.
Planche
Archivolte
Imposte
Plan des
Cannelures

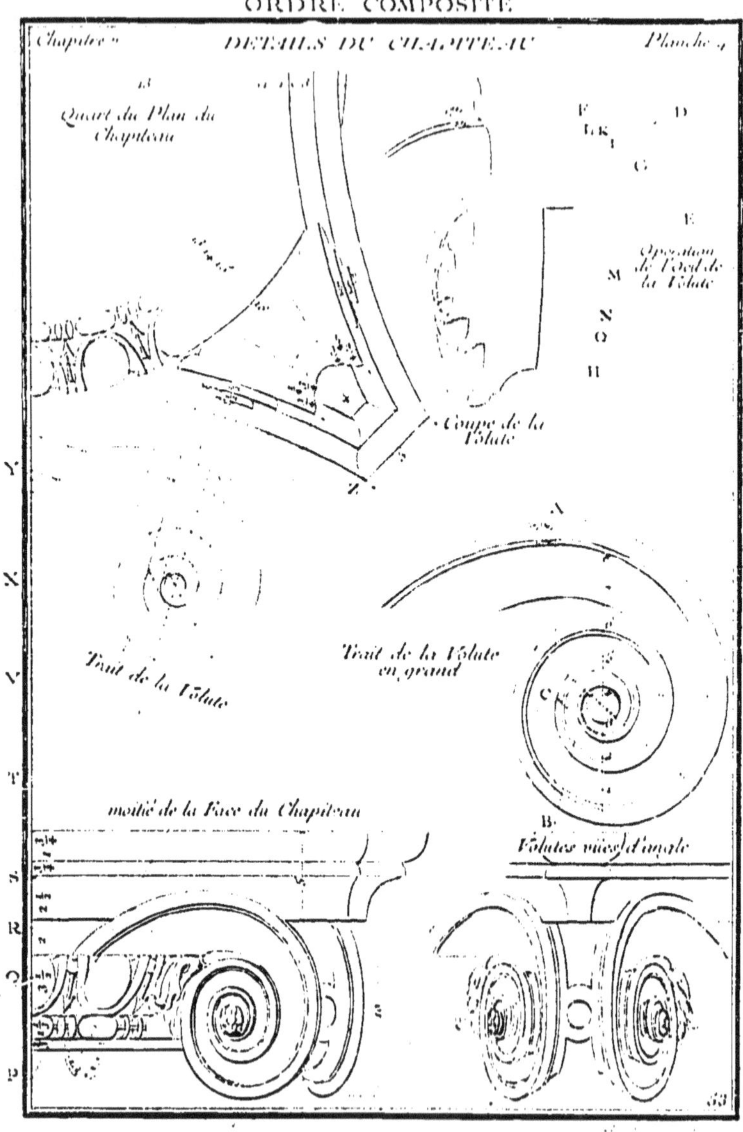
Chapitre 11
DÉTAILS DU CHAPITEAU
Planche 4
Quart du Plan du Chapiteau
Opération de l'Œil de la Volute
Coupe de la Volute
Trait de la Volute
Trait de la Volute en grand
moitié de la Face du Chapiteau
Volutes vües d'angle

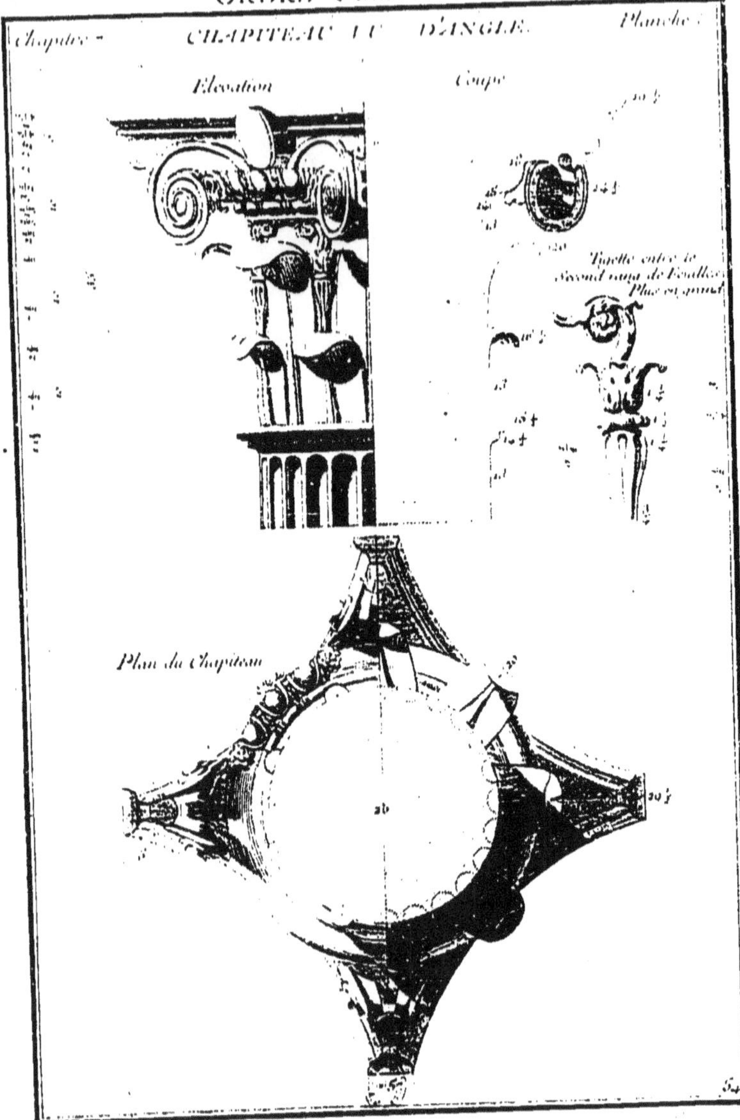
ORDRE COMPOSITE
Chapitre
CHAPITEAU D'ANGLE.
Planche
Elevation
Coupe
Plan du Chapiteau

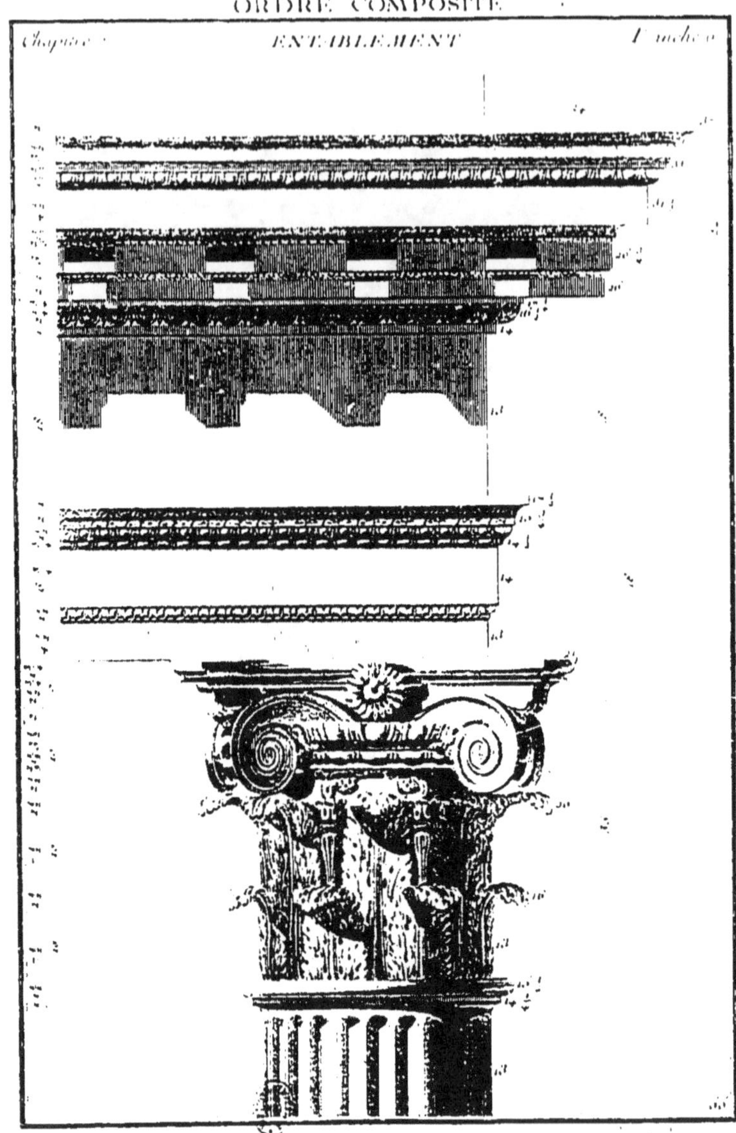

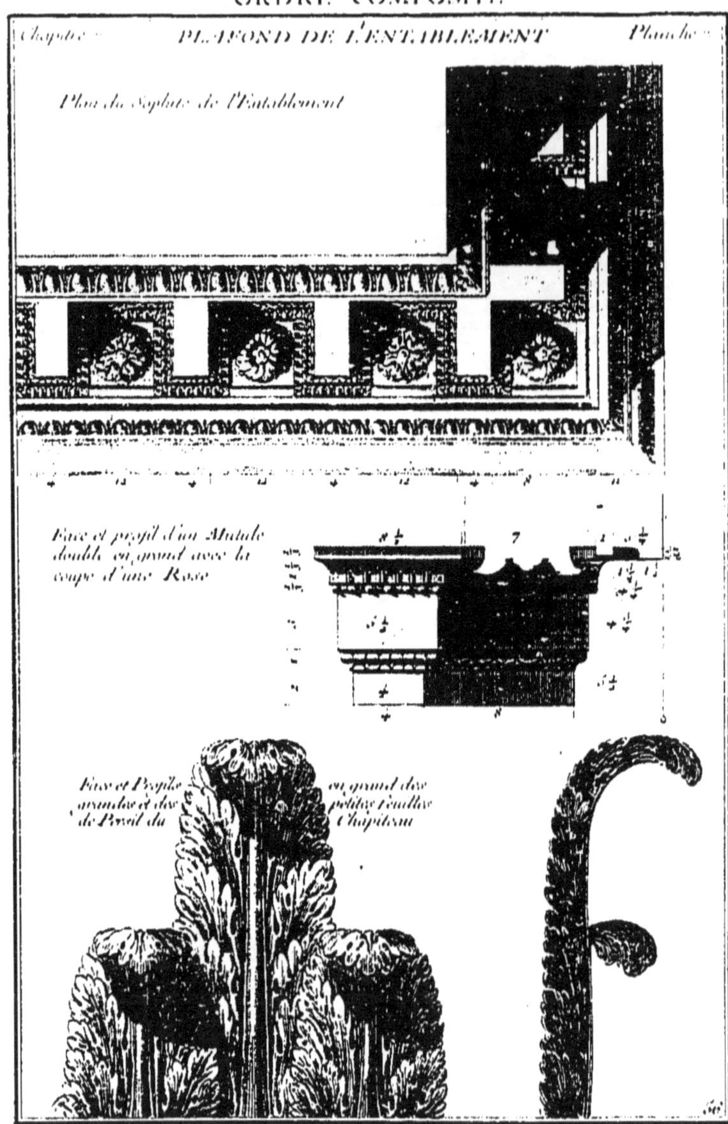

ORDRE COMPOSITE
PLAFOND DE L'ENTABLEMENT
Chapitre
Planche
Plan du Sophite de l'Entablement
Face et profil d'un Mutule double en grand avec la coupe d'une Rose
Face et Profile en grand des modules et des petites feuilles de Profil du Chapiteau

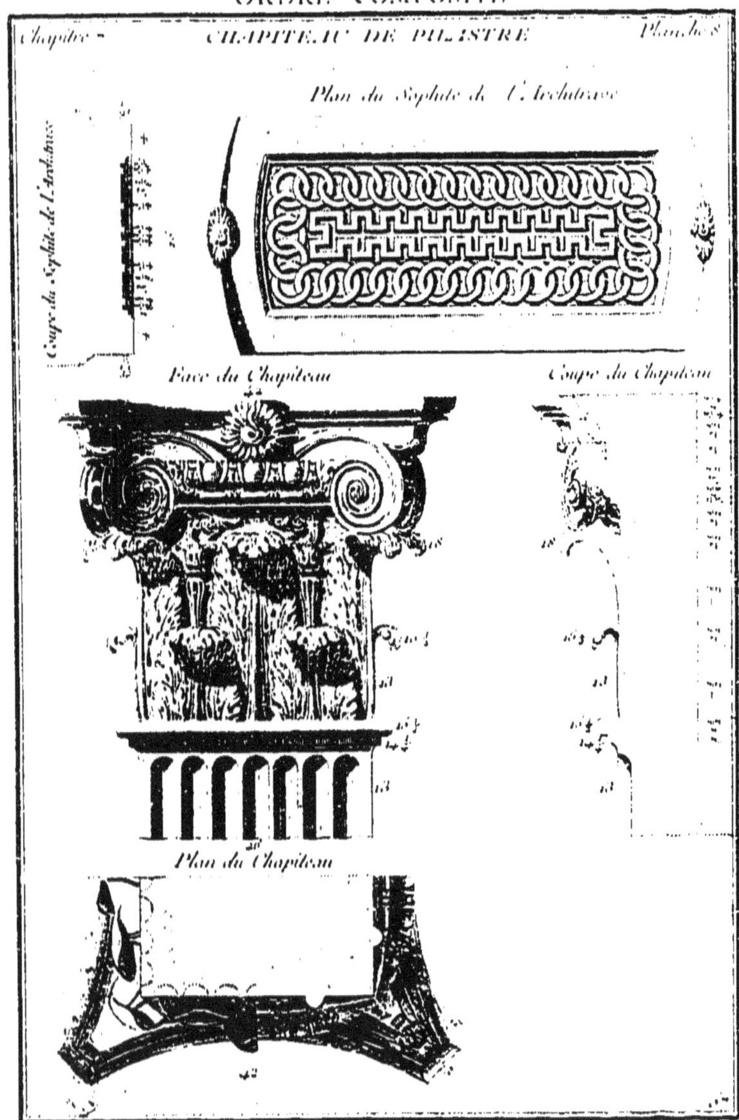
Chapitre
CHAPITEAU DE PILASTRE
Planche 8
Plan du Sophite de l'Architrave
Coupe du Sophite de l'Architrave
Face du Chapiteau
Coupe du Chapiteau
Plan du Chapiteau

tailloir, est dans celui-ci d'une sixieme partie de la hauteur du triangle. Le sommet & les épaisseurs sont au même point que celui de la colonne ; le devant du quart de rond a son centre un demi-diametre hors du parement opposé du pilastre, & le centre du devant de la baguette s'éloigne également de ce diametre. Les feuilles du chapiteau ont les mêmes saillies que celles du chapiteau de pilastre Corinthien. Si l'on veut tracer le plan de ces volutes avec précision, on se servira de la même méthode dont on s'est servi pour celui de la colonne, de plus ce plan sera cotté des parties de diametre.

L'élévation se fera en établissant les mêmes hauteurs que celles qui ont déja été expliquées ; & pour plus de commodité elles seront cottées, & l'on élevera exactement de dessus le plan la forme des feuilles, des volutes & du tailloir. Toutes ces opérations seront très-aisées, quand on aura bien entendu celles des chapiteaux des autres Ordres.

Le profil du même chapiteau se fera de la même maniere, & servira à faire parfaitement connoître tous ces développemens.

Pour en placer les cannelures, comme elles ne différent en rien de celles des pilastres Ionique & Corinthien, il est absolument inutile d'en répéter ici les opérations.

Le plan du sophite de l'architrave sera établi sur l'espacement du sixtyle, comme ceux des autres Ordres ; il est composé d'anneaux entrelassés les uns dans les autres, qui entourent une table de bâtons rompus. Le cavet qui sert de cadre à ce sophite, peut être orné pour le rendre plus riche : le tout est cotté, ainsi que les autres parties.

La ressemblance de cet Ordre avec les deux dont il tire son origine a donné lieu de rendre son explication beaucoup plus laconique que celle des autres Ordres.

CHAPITRE HUITIEME.

Observations générales sur les proportions des Ordres d'architecture.

Comme il reste bien des choses à dire sur l'emploi des Ordres d'architecture, nous nous sommes réservés à en parler en détail dans les parties de ce traité qui suivent celles-ci ; mais avant que de la terminer, il est à propos d'expliquer les objets qui n'ont pas pu entrer dans chaque Ordre en particulier. Pour y parvenir, nous reprendrons l'un après l'autre tous les principes qui ont été donnés séparément : nous les rassemblerons sous un même point de vue, & nous ferons connoître ceux qui sont généraux & ceux qui ne sont que particuliers ; nous y joindrons encore les éclaircissemens que nous n'avons pas pu placer dans les chapitres précédens.

ARTICLE PREMIER.

De la proportion des Ordres en général.

Les trois Ordres Grecs, dont on attribue avec raison l'invention à la nation dont ils portent le nom, sont les seuls qui puissent être regardés comme composition originale, puisque les deux qu'on y a joint dérivent de ces trois primitifs.

Les Grecs composèrent l'Ordre Dorique le premier, c'est aussi celui qui sert de base pour les autres, ainsi que nous l'avons expliqué ci-devant ; mais comme cet Ordre n'a pas été porté à sa perfection par celui qui le premier en a été l'inventeur, on remarque qu'il a eu plusieurs proportions dans sa colonne, à laquelle on n'avoit point donné de base. Les plus anciens exemples sont ceux qui ont la colonne la plus courte. D'abord on ne lui avoit donné qu'entre quatre & cinq diametres, enfuite on lui en donna fix; on la porta depuis jufqu'à fept & demi.

L'Ordre Ionique n'a pas varié auffi fenfiblement à beaucoup près; on donna à fa colonne, dès fon origine, neuf diametres.

Quant à l'Ordre Corinthien, le fût de fa colonne fut d'abord égal à celui de la colonne Ionique, ainfi il n'y avoit de différence entre ces deux Ordres que celle de la hauteur de leurs chapiteaux; cependant par la fuite la proportion de la colonne Corinthienne avec fa bafe & fon chapiteau a été portée jufqu'à onze diametres.

Cette variation, dans la proportion des Ordres, étoit fouvent très-embarraffante, fur-tout quand il étoit queftion de les placer les uns fur les autres. Cet ufage étant devenu très-fréquent, on s'eft habitué infenfiblement à établir entre eux des gradations qui puffent fixer leur caractere diftinctif, par la différence fenfible qu'on laiffe de l'un à l'autre.

C'eft dans cet efprit que nous avons établi nos proportions de diametre en diametre, en en donnant fept à la colonne Tofcane, huit à la Dorique, neuf à l'Ionique & dix à la Corinthienne, ainfi qu'à la Compofite; fuivant ce fyftême, nous donnons à tous leurs entablemens deux diametres, fans égard à la différence des Ordres.

Nous finirons cet article par une remarque effentielle, c'eft que l'on ne doit compter que quatre Ordres, parce que le Compofite, qui feroit le cinquieme, ayant la même colonne que le Corinthien, dont il emprunte les proportions & la plupart des ornemens, il ne peut être employé avec lui. Il participe auffi de l'Ionique; cependant comme les proportions en font différentes, ces deux Ordres pourroient être employés enfemble. Dans ce cas il faudroit fupprimer le Corinthien; mais le mieux feroit de ne le pas lier avec les Ordres Grecs: c'eft une délicateffe que les Romains même, qui étoient les inventeurs de cet Ordre Compofite, ont eue, comme nous l'avons expliqué, en établiffant fes proportions.

Les Romains ont encore obfervé de ne point mettre l'Ordre Tofcan avec aucun des Ordres Grecs, parce qu'ils prétendoient qu'il dérivoit du Dorique ; mais comme il change de caractere tant par la proportion de fa colonne que par fes ornemens, qui font très-fimples, on peut le regarder comme un Ordre original, & l'employer par cette raifon avec les autres, fans que l'œil en foit bleffé.

ARTICLE II.

De la proportion des entablemens.

Tous les entablemens ont été établis au même degré de pefanteur dans tous les Ordres en général, pour tranquillifer la vue, & afin de ne pas faire porter à la colonne qui eft la moins forte par fa grande hauteur, un fardeau plus lourd qu'à celle qui, par fon peu d'élévation, fe trouve plus forte.

· Nous avons auffi remédié à l'objection que l'on nous pourroit faire fur ce que nous leur donnons à toutes, fans diftinction, le même fardeau. On doit remarquer que la maffe en devient plus légere à l'œil, par les moulures qui font par gradation en plus grand nombre dans les Ordres legers que dans les Ordres mâles.

On a auffi établi tous ces entablemens fur une même divifion, c'eft-à-dire que les architraves, frifes & corniches font à tous les Ordres fans exception de même proportion. Ce qui a donné lieu à cette divifion générale, c'eft que ces différentes parties repréfentant les mêmes fonctions dans tous les Ordres, il n'eft pas poffible de les différencier fans détruire le principe de leur conftruction.

Mais comme il y a des cas où l'on eft obligé de fortifier ces entablemens, comme lorfqu'ils font employés à des feconds ou à des troifiemes Ordres, ou qu'ils font élevés fur un foubaffement, alors il faut en augmenter les membres relativement à leur hauteur, fans en changer les divifions qui doivent être toujours les mêmes. Nous en expliquerons plus au long les raisons dans les parties de ce traité qui suivent celle-ci.

ARTICLE III.

Des piédeſtaux en général.

LA proportion des piédeſtaux eſt établie ſur la hauteur des colonnes. Quoique nous en ayons proſcrit l'uſage en général ſous ces colonnes, comme ils peuvent être employés avec ſuccès à porter des ſtatues, nous en avons donné différens deſſeins. Dans tous ces deſſeins ils ont des corniches, cependant nous croyons que cet ornement pourroit être ſupprimé dans les cas où l'on ſeroit obligé de faire uſage de ces piédeſtaux ſous des colonnes, pour racheter une hauteur de perron.

Pluſieurs auteurs ont prétendu donner plus de légereté à leur architecture en plaçant des piédeſtaux ſous leurs colonnes, mais ils ſe ſont trompés : car au lieu de leur donner de la légereté, ils lui ont donné de la maigreur, parce que la portée des platte-bandes eſt devenue ſi conſidérable en raiſon du diametre des colonnes, qu'elles ne préſentent point à l'œil la ſolidité que l'architecture grecque requiert.

Nous remarquerons en paſſant que l'uſage des piédeſtaux n'a été introduit qu'à cauſe de la différence immenſe qu'il y a de l'architecture gothique avec celle des Grecs. L'objet de la premiere étoit d'étonner les yeux du ſpectateur par un excès de légereté, ce qui ne pouvoit ſe faire que par un très-grand art dans la conſtruction, & par une multiplicité de petites parties.

L'architecture grecque au contraire a ſon principe dans la ſolidité non-ſeulement réelle, mais même apparente, parce qu'il ne ſuffit pas de faire un édifice ſolide, il faut encore qu'il tranquilliſe l'œil du ſpectateur, & ſa majeſté n'eſt que dans ſa grandeur & dans ſa ſimplicité. Celle que nous entendons ici eſt une ſimplicité d'arrangement, & non pas la suppreffion des ornemens qui font analogues à chaque Ordre. Dans la gothique on ne pouvoit parvenir à donner cet air de grandeur que par la multiplicité des petites parties qu'on plaçoit pour augmenter la décoration des édifices. Il en a réfulté que nos premiers architectes, pleins encore de l'idée de leurs principes gothiques, en adoptant l'architecture grecque, ont imaginé de la faire petite pour aggrandir leurs édifices, & ont employé tous les moyens poffibles pour y réuffir. L'ufage des piédeftaux fous les colonnes en a été une fuite; mais les artiftes étant débarraffés de leurs anciens préjugés, pour ne s'attacher qu'aux vrais principes de l'architecture, fentiront la conféquence de leur fuppreffion, pour faire de grande architecture; ce qui diminuera auffi le mouvement des plans, & donnera plus de fimplicité dans les maffes, afin de faire briller les richeffes des ornemens qui leur font analogues.

ARTICLE IV.

Des bafes & des chapiteaux des colonnes.

Comme ces parties ont fouffert des changemens depuis leur origine, il eft néceffaire d'en faire mention, afin que l'on puiffe être inftruit des raifons qui ont occafionné ceux que nous avons faits.

De la bafe & du chapiteau Dorique.

Cet Ordre a été imaginé fans bafe, & les Romains comme les Grecs ont fuivi fon origine; mais les modernes, qui ont fait beaucoup d'ufage des piédeftaux, n'ont pas pu élever des colonnes deffus fans y mettre des bafes : c'eft ce qui a introduit l'ufage général des bafes pour le Dorique.

Indépendamment de la bafe ordinaire attribuée à cet Ordre, on a vu que nous en avons donné deux, qui deviennent plus riches que celles dont on fe fert à préfent.

Les chapiteaux n'ont pas souffert de grands changemens. Ce sont les Romains qui ont allongé les colonnes presque jusqu'au point où elles sont aujourd'hui ; ils ont placé sous le tailloir un collarin & un astragale, ce qui lui a donné un demi-diametre de hauteur, sans l'astragale qui dépend de la colonne, lorsqu'il n'avoit qu'un tiers. Ils ont aussi enrichi le tailloir, en mettant un talon surmonté d'un listel pour en former le couronnement.

Nous avons donné le dessein d'un chapiteau Dorique où nous avons supprimé ce talon ; mais nous avons mis à la place une table renfoncée, qui est remplie de guillochis ou bâtons rompus : ce changement le rapproche davantage de son origine, & il devient pour le moins aussi riche que celui des Romains.

De la base & du chapiteau Ionique.

La base antique grecque de cet Ordre est la même que nous adoptons, & que l'on appelloit chez les Romains base attique, avec cette différence qu'il n'y avoit point de socle, & que le premier tore portoit à crû sur la terre ou sur la derniere marche du perron.

La base antique des Romains & que tous nos auteurs modernes ont adoptée pour l'Ordre Ionique, est d'une composition très-vicieuse, d'autant plus qu'elle commence du dessus du socle par de très-petites moulures qui sont couronnées d'un gros tore.

Nous suivons celle de la premiere origine, qui nous est connue sous le nom de base attique.

Le chapiteau a été à peu près dans le même cas. Dans son origine, comme on le voit par ceux du temple d'Érethée à Athenes, il avoit au-dessous des moulures un collarin, avec une bande servant de ceinture qui donnoit en hauteur à ce chapiteau à peu près trois quarts de diametre, & ce collarin étoit enrichi d'ornemens. Les Romains ont employé ce chapiteau en supprimant cette ceinture pour donner plus de hauteur à la colonne ; mais aussi le chapiteau n'ayant qu'un tiers de diametre en hauteur, devient extrèmement court, sur-tout étant comparé avec le Corinthien qui le suit.

Scamozzi, un de nos auteurs modernes, est le premier qui ait rendu les quatre faces de ce chapiteau semblable. Nous avons vu que, quoiqu'on lui attribue le mérite de cette invention, il y en a dans les antiquités Romaines un exemple, qui à la vérité n'est pas bon à imiter tel qu'il est, mais qui a pu lui donner une idée qu'il a su perfectionner en donnant à son chapiteau une forme plus agréable que celle des chapiteaux du temple de la Concorde, qui sont les plus anciens de ce genre que l'on connoisse.

Nous avons donné deux chapiteaux de cet Ordre, qui sont distingués par antique & moderne. L'antique a deux faces d'une forme & deux de l'autre, & le moderne a les quatre faces semblables, à l'imitation de Scamozzi. Nous leur avons ajouté la ceinture que nous avons faite en astragale, & le collarin a été garni dans les quatre faces de guirlandes, qui prennent leur naissance derriere les volutes. Ce changement a été fait aux deux chapiteaux, ce qui leur donne trois quarts de diametre : dimension qui approche davantage de la moyenne proportion entre le chapiteau Dorique & le Corinthien.

De la base & du chapiteau Corinthien.

Les anciens comme les modernes ont donné à cet Ordre une base composée de deux tores, séparés par deux scoties qui ont entre elles deux baguettes. Le tout est établi sur un socle qui en dépend. Ils ont aussi employé la base attique à sa place ; mais comme il faut que les Ordres qui acquierent plus de légéreté dans leurs proportions générales, en aient aussi dans toutes leurs parties, nous croyons qu'il vaut mieux se servir de la base qui a été attribuée au Corinthien, qui est celle que nous lui avons donnée.

Le chapiteau Corinthien n'a pas souffert de changement considérable dans ses proportions ; mais quoique ses feuilles

fussent

fuſſent originairement d'acanthe, ſuivant ce que l'hiſtoire nous apprend, dans tous les exemples antiques qui nous en reſtent, on voit des feuilles d'olivier qui réuſſiſſent mieux à ce chapiteau que celles d'acanthe.

De la baſe & du chapiteau Toſcan

La baſe & le chapiteau de cet Ordre n'ont point varié dans leurs formes : d'ailleurs le peu d'exemples antiques qui nous en reſtent ont donné aux auteurs modernes la facilité de l'arranger à leur gré.

De la baſe & du chapiteau Compoſite.

La baſe du Compoſite a tantôt été faite ſemblable à la Corinthienne, tantôt à l'Ionique. Nous avons adopté un milieu que pluſieurs auteurs modernes ont imaginé avant nous, qui eſt de prendre la baſe attique, & d'y joindre deux baguettes pour accompagner la ſcotie, ce qui lui donne plus de légéreté que n'en a l'Ionique, & la rend plus mâle que la Corinthienne.

Pour le chapiteau Compoſite, comme il eſt dans les mêmes proportions que le Corinthien auquel on auroit adapté des volutes Ioniques, on s'eſt ſervi ou de feuilles d'acanthe, ou de celles de perſil, leſquelles, quoique remplies de plus de détail que celles d'olivier, dont on ſe ſert pour le Corinthien, paroiſſent cependant plus lourdes dans leur maſſe, n'étant pas ſi refendues que les autres ; c'eſt pourquoi nous avons choiſi, de préférence pour les nôtres, celles de perſil.

ARTICLE V.

Des pilaſtres & de la néceſſité de les diminuer.

L'USAGE des pilaſtres n'eſt pas de l'inſtitution de l'architecture, ils ne doivent leur origine qu'aux Romains ; ils s'imaginerent en avoir trouvé dans la Grece, & c'eſt ſur cette idée qu'on leur a donné une proportion relative aux colonnes, en leur donnant tous leurs attributs.

Les corps qu'ils ont pris dans les temples de la Grece pour des pilastres, n'ont aucun rapport avec le diametre des colonnes ; de plus dans les endroits où ils ont trois faces, elles different toutes de largeur, & les moulures qui les couronnent, ne forment que des especes de chapiteaux, qui ne font nullement femblables à ceux des colonnes : ce font donc les Romains qui, les premiers, les ont établis fur le diametre des colonnes , & qui leur ont donné les mêmes bafes & chapiteaux. Il s'en est fuivi que ces pilastres qui, dans leur institution chez les Romains, ne fervoient qu'à marquer les quatre angles du mur du temple au derriere de la colonnade, ont été enfuite employés par eux, pour faire une décoration d'architecture en bas relief, décoration bien inférieure à celle des colonnes. Afin de l'enrichir, ils ont cherché les moyens de les canneler comme les colonnes ; cet ufage les a déterminés à ne leur point donner de diminution , à caufe des difficultés qu'elle leur auroit occafionné ; mais il en réfulte des inconvéniens très-confidérables. 1°. C'est que la face du pilastre dans la partie du chapiteau, quoique diminuée, paroît toujours plus large que celle du chapiteau de colonne, qui, par fa rondeur, en efface les extrémités, & le fait paroître plus élégant. Ce défaut est beaucoup plus fenfible quand le pilastre n'est pas diminué. 2°. Il en réfulte un autre qui n'est pas moindre, c'est que dans le paffage des entablemens, quand il fe trouve fur la même ligne des pilastres & des colonnes, les pilastres n'étant pas diminués, il est évident que le haut de ces pilastres ne peut pas être d'alignement avec les colonnes dans cette partie. On a cherché à parer ces inconvéniens de trois manieres ; la premiere, & celle qui est regardée comme la moins mauvaife, c'est de prendre la moitié de la différence du nud de pilastre par le haut à la diminution de la colonne, & de faire paffer l'entablement fur cette moyenne proportionnelle ; mais il arrive de-là que l'architrave est en porte à faux fur les colonnes pendant qu'il en est retraite fur le pilastre :

défaut qui fe juge facilement quand il y a un retour fur le pilaftre,
d'autant que fa vive arrefte fait voir la retraite de l'entablement.
La feconde maniere eft de faire reffauter l'entablement jufqu'au
deffous du larmier de la corniche : ce qui rend ce défaut plus
fenfible en interrompant le cours de l'architrave & qui mutile
la corniche, foit en lui donnant plus de faillie fur les colonnes,
foit en lui en donnant moins fur les pilaftres. La troifieme maniere
eft en faifant faire retraite aux pilaftres de la diminution des
colonnes : pour lors l'entablement paffe bien de la colonne au
pilaftre; mais les bafes des colonnes & celles des pilaftres ne
font plus fur le même alignement, ce qui eft un défaut auffi
fenfible que les autres. 3°. Il réfulte encore de ces pilaftres non
diminués, que les modillons des corniches ne peuvent être
affujettis à une diftribution réglée depuis que les auteurs
modernes ont établi pour principe, avec raifon, d'en placer un
à plomb de l'axe des colonnes ou des pilaftres. Comme il en
faut un au retour du profil, c'eft la diftance qu'il y a de celui
de l'extrémité du profil avec celui de l'axe, qui en détermine la
diftribution, laquelle eft plus grande fur le pilaftre que fur la
colonne; de forte que dans une même façade où il y auroit
pilaftres & colonnes, il faudroit faire la diftribution des modillons différente; ce qui eft un défaut auquel on a remédié par la
maniere de mettre l'entablement en porte à faux fur les colonnes
& en retraite fur les pilaftres. Dans ce cas même il faudroit les
efpacer davantage que quand il n'y auroit que des colonnes.

On évite tous ces inconvéniens, en diminuant les pilaftres
comme nous le propofons. Ce font ces différentes raifons qui
nous ont fait prendre ce parti, & chercher les moyens de pouvoir
les canneler. Nous en donnerons les opérations dans l'article
fuivant.

Toutefois il ne faut chercher à les employer que quand on ne
peut pas faire autrement; car ils ne préfentent qu'une foible idée
des colonnes, n'étant capables de produire qu'une décoration
très-froide, & tout à fait oppofée à celle que l'on cherche à imiter.

ARTICLE VI.

Opération pour canneler les pilaſtres diminués.

Il n'y a que deux ſortes de cannelures, ſavoir, celle de l'Ordre Dorique & celle de l'Ordre Ionique, qui ſont les mêmes pour l'Ordre Corinthien, excepté qu'à ce dernier elles ſont creuſes juſqu'au bas, & qu'à l'autre elles ſont remplies juſqu'au tiers. Elles ſont différentes pour le nombre. Au pourtour de la colonne Dorique il n'y en a que vingt, au lieu qu'à la colonne Ionique & à la Corinthienne il y en a vingt-quatre. Comme les pilaſtres portent plus de pourtour que les colonnes, on augmente le nombre de leurs cannelures ; de ſorte qu'à l'Ordre Dorique au lieu de vingt on en donne vingt-quatre, ce qui fait ſix cannelures par face. Aux Ordres Ionique & Corinthien, au lieu de vingt-quatre on en met vingt-huit, ou ſept par face.

De la diſtribution des cannelures au pilaſtre Dorique.

Pour cette opération il faut diviſer la face du pilaſtre en vingt parties égales, une de chaque côté ſera pour la côte angulaire, & les dix-huit autres ſeront pour les ſix cannelures. Elles demandent à être plus creuſes que celles des colonnes, parce que la face du pilaſtre eſt droite, & que les arreſtes qui ſont leur ſéparation ne marqueroient pas autant qu'à celles des colonnes. On ſe ſervira de la ſeconde opération de Vignole, que nous avons rejetté pour les colonnes, c'eſt-à-dire, qu'on élevera une perpendiculaire ſur le milieu de la cannelure ; on placera le centre diſtant du nud du pilaſtre de la moitié de ſa largeur, comme il eſt repréſenté au bas de la première planche de ce chapitre, où A B marque la largeur de la cannelure ; C eſt le milieu de ſa largeur & le centre d'un demi-cercle qui coupe la perpendiculaire au point D, lequel eſt le centre de la cannelure ; en ouvrant le compas de A à D, on tracera le quart de cercle A B, qui est la cannelure.

Pour les faire diminuer sur le corps du pilastre, il faut autant d'opérations qu'il y a de lignes qui ont servi à tracer le contour de sa diminution, que nous avons déterminée à huit dans l'opération qui en a été expliquée à la fin du premier chapitre de ce volume; par chacune de ces lignes on divisera la face du pilastre en vingt parties, pour en donner une à chaque côté angulaire, & trois à chacune des six cannelures.

Cette opération fera diminuer les cannelures en raison de la diminution des pilastres, & à chacune de ces opérations on formera un quart de cercle en bois ou en fer blanc de la largeur de la cannelure, pour la tailler très-juste.

Comme il a été dit que ces cannelures ne prendroient qu'au tiers de la colonne, elles seront à même hauteur au pilastre, à moins que l'on n'ait intention, pour les rendre plus riches, de les faire descendre jusqu'au bas, pour les remplir comme il a été expliqué à l'article huitieme du troisieme chapitre. Nous en avons tracé l'opération sur cette premiere planche, afin de ne rien laisser à desirer.

De la distribution des cannelures aux pilastres Ioniques & Corinthiens.

Il faut diviser la face du pilastre en dix parties égales : la premiere des deux extrémités donnera le centre des dernieres cannelures, ainsi que l'axe du pilastre ; les quatre parties restantes de chaque côté de l'axe seront divisées en trois, & chacun de ces derniers points déterminera les centres des quatre cannelures qui restent ; elles auront en grandeur la dixieme partie de la totalité du pilastre, les côtes des angles en auront la moitié ou la vingtieme partie de la face du même pilastre, & les autres côtes le tiers ou la trentieme partie, comme on le voit sur la deuxieme planche de ce huitieme chapitre, où l'on a placé un pilaſtre Ionique & un Corinthien. On fera la même diſtribution à différentes hauteurs du pilaſtre, ainſi qu'il a été expliqué au pilaſtre Dorique.

ARTICLE VII.

De l'emploi des colonnes & des pilaſtres aux édifices.

Les colonnes doivent exactement ſuivre le caractere de l'Ordre qu'elles déſignent ; on ne doit pas les diminuer ni les augmenter de proportion dans telle circonſtance qu'on ſe trouve, ſans cela il n'eſt plus d'Ordre régulier, il eſt compoſé. Toutefois il n'eſt pas défendu à un artiſte de chercher des productions nouvelles ; mais il ne faut pas les hafarder ſi elles n'équivalent les Ordres déja imaginés, ce qui eſt bien difficile.

On ne doit pas non plus changer la forme du plan des colonnes. Comme les ovales préſentent à l'œil deux proportions, ſavoir, celle de leur grand & celle de leur petit diametre, ne pouvant y avoir qu'un de ces diametres qui fût en proportion, l'autre deviendroit ridicule, ſoit en *lourdeur*, ſoit en *maigreur*. Les colonnes à pans ne préſentent pas une idée plus agréable : il eſt donc abſolument néceſſaire de les bannir, pour s'en tenir à celles qui ſont parfaitement rondes.

On ne doit pas non plus faire de colonnes *bandées*, parce qu'elles corrompent le contour de la colonne, & qu'elles en détruiſent le principe, en annonçant des colonnes faites par tambours & non d'un ſeul arbre. Quelques architectes ont cherché à enrichir ces bandes ; mais en admirant leur travail, on eſt fâché de perdre le nud de la colonne.

On a auſſi cannelé des colonnes en ligne ſpirale, ce qui produit encore un mauvais effet, n'étant point vraiſemblable que les fibres du bois prennent ce contour, de ſorte qu'on les traverſeroit & qu'on en ôteroit la ſolidité. Toutes ces inventions, dont quelques-unes font dues aux Romains & les autres aux modernes, font à rejetter, parce qu'elles font contraires aux principes de l'origine de l'architecture; d'ailleurs elles ne produifent rien de fi noble, de fi grand ni de fi agréable que la colonne dans fa pureté.

Les pilaftres font dans le même cas : il faut qu'ils préfentent toujours des faces de même largeur, à moins qu'ils ne foient pliés en angle rentrant; car s'ils l'étoient en angle faillant, ils ne préfenteroient que des demi-faces qui les rendroient maigres.

Quand les pilaftres font engagés dans un mur, il faut qu'ils aient au moins un fixieme de diametre en faillie fur le mur dans les Ordres délicats, & le quart pour les Ordres mâles; fans cela ils ne marqueroient point & ne fembleroient pas faits pour porter leurs entablemens; d'ailleurs il eft néceffaire qu'il y ait au moins cette faillie pour recevoir les impoftes, plinthes, & autres ornemens, qui ne doivent pas excéder le nud du pilaftre.

On obfervera auffi, quand on ne pourra pas placer les colonnes ifolées, de ne les engager tout au plus que du tiers, & au moins du quart; de forte que les uns feront dégagés du mur de deux tiers de diametre, & les autres de trois quarts, ce qui laiffe à l'une un fixieme depuis le mur jufqu'à l'axe, & à l'autre un quart, afin que les impoftes & plinthes n'excedent point leur axe; fans cela ils avanceroient fur le contour de la colonne, & la couperoient défagréablement.

On ne doit engager les colonnes dans les murs que quand on eft gêné pour la place, parce qu'elles perdent toujours de leur légéreté & de leur grace. Dans ce cas là on doit auffi éviter de les engager dans une autre colonne, & encore plus dans un pilaftre; toutefois il vaut mieux les engager dans les murs que de les nicher, comme ont fait plufieurs de nos architectes modernes, parce qu'il n'eft pas naturel d'affoiblir un mur pour y placer un pilier, dont une colonne nous repréfente l'idée; de plus cette niche occafionne des noirs aux côtés de la colonne, qui produifent des maigreurs défagréables à l'œil.

ARTICLE VIII.

Des raisons pour proscrire l'usage des colonnes torses.

LES colonnes torses sont, de toutes les inventions, celle qui est la plus contraire au bon goût & au principe de l'architecture grecque ; elles ne peuvent tranquilliser l'œil, n'étant pas raisonnable de croire qu'un arbre, qui est difforme & tortu, puisse porter aussi bien qu'un qui est droit. Aussi ne les a-t-on pratiqués qu'en bronze, & l'on a tâché de les orner de façon à en faire admirer le travail plutôt que la forme.

Si l'on trouvoit dans une forêt un arbre de pareille forme, on ne se donneroit pas la peine de le travailler, les ouvriers le trouveroient trop contraire à la solidité pour en faire usage.

Il n'est donc pas raisonnable, en établissant les proportions d'un art sur des principes de solidité, tant réelle qu'apparente, d'admettre celle de toutes les productions qui est, ainsi que nous venons de le dire, la plus contraire à ces principes.

Fin de la premiere partie.

DIMINUTION DES PILASTRES
MÉTHODE POUR LES CANNELURES DORIQUES
Plan des Cannelures Simples
E
A C B
D
Opération du Remplissage
des Cannelures
Plan des Cannelures Remplies
A C B
D
Opération des Cannelures
Simples
58

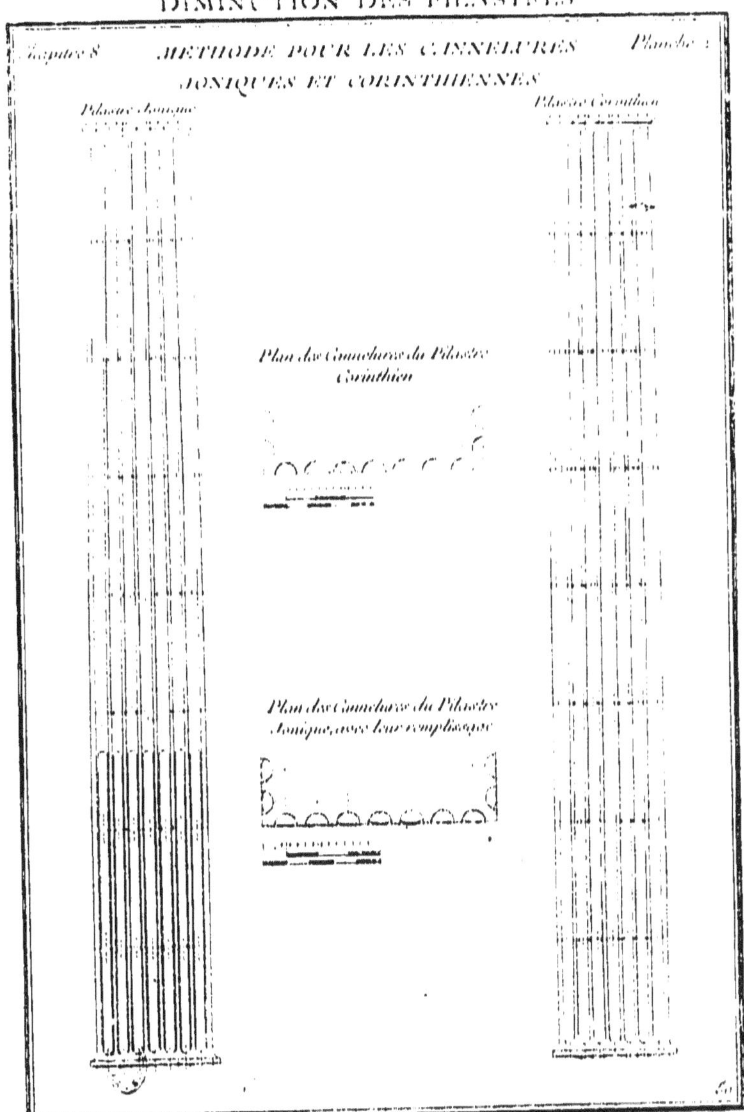
Chapitre 8
METHODE POUR LES CANNELURES
IONIQUES ET CORINTHIENNES
Planche
Pilastre Ionique
Pilastre Corinthien
Plan des Cannelures du Pilastre
Corinthien
Plan des Cannelures du Pilastre
Ionique, avec leur remplissage